世界哲學史 1

世界哲学史 1 —— 古代 I 知恵から愛知へ

古代篇（I）哲學的起源：從智慧到愛智

伊藤邦武／山內志朗／中島隆博／納富信留 主編
鄭天恩 翻譯
王前 監譯

目次
contents

序章

邁向世界哲學史

納富信留

PROLOGUE

世界哲学史に向けて

「世界哲學」與「世界哲學史」

在今天，「世界哲學」正在成為一股極具影響力的學術潮流。長期以來，哲學研究一直是以西方世界——即歐洲和北美——為中心，然而這一模式如今正經歷根本性的轉變，一場旨在創造更普遍且多元的哲學研究運動正在興起，這就是所謂的「世界哲學」。這種哲學以我們活動的現實世界為對象，立基於多元文化、傳統與語言，並從自然環境、生命和宇宙來省思人類存在方式，進而在「世界哲學」的名義下得以實踐。這是一種冠上「世界」之名的努力，試圖重新喚醒那本應由生活於這個世界的我們共同分享的「哲學」。

世界哲學首先著重於地球上各地區的哲學活動，不僅限於歐洲和北美，也包含中近東、俄羅斯、印度、中國、韓國、日本，甚至東南亞、非洲、大洋洲、拉丁美洲和原住民美洲等，皆為世界哲學關注的對象；其目標是具備真正的「世界」的視野。然而，所謂的「世界」，並不僅止於停留在地理領域的擴大。哲學將我們的生活場域稱為「世界」，涵蓋了從地球到宇宙萬物、從現在到過去和未來的廣大範圍，皆在哲學的思索之中。因此，世界哲學是一種在哲學中探索世界，並從世界的視野重新審視哲學的嘗試。我們可從人類、地球的宏觀視野以及時間的長河中，來審視我們的傳統與知識的可能性。

對日本學界而言，世界哲學具也有相當重大的意義。自明治時代以來，「哲學」這門學問被納入大學學科，並分成幾個專門領域，各自獨立發展；每個領域都有其專業的學會組織，彼此之間向來缺乏交流或共同研究。然而，我們期待將這些專業領域集結在一起，探討「世界哲學」及現代哲學的可能性，或許能促使日本學術發生重大的變化。

然而，新哲學並非突然從空無一物的荒野中誕生。對我們而言，在悠久歷史中孕育的各種哲學傳統都是珍貴的遺產。當我們努力綜覽這些傳統，並使其成為嶄新的知識泉源時，應該能讓人類的智慧得以集結；這正是世界哲學史的可能性，也是開拓未來哲學的新契機。

正因　如此，我們使用「世界哲學史」（A History of World Philosophy）這個大家不太熟悉的名稱，嘗試將哲學史從各地區、時代與傳統中解放，並加以「世界化」。其實，我們也計畫更進一步，透過將世界哲學「歷史化」來展開具體的研究。本書作為開端的筑摩新書《世界哲學史》叢書，正是基於上述問題意識而產生的企畫。

對「哲學史」的反省

一般而言，過去的「哲學史」皆是講述發展於西方的各種思想和思想家；換句話說，它處理的是從古代希臘羅馬開始、經歷中世紀基督教時期、直到文藝復興後延續至近現代，涵蓋兩千六百年間以西歐和北美為範圍的哲學。在這當中被排除掉的思想傳統，如中國思想史、印度思想史或是伊斯蘭思想史則被獨立對待，並且與等同於西方哲學史的「哲學史」有所區別。

黑格爾（Georg Wilhelm Friedrich Hegel, 1770-1831）在《哲學史講義》（*Vorlesungen über die Geschichte der*

Philosophie）的序論末尾，添加了名為「東洋哲學」的部分。在這段討論中，黑格爾對中國哲學和印度哲學做了簡短介紹，算是勉強顧及到西方以外地區的傳統。然而，這僅僅是為了引出正文——希臘哲學的前言而已，而他對東洋的理解依舊未能擺脫將其視為原始思想的偏見。因此，由黑格爾所奠定的哲學史，在相當程度上可以理解為「西方哲學史」。

既然如此，那些被西方哲學排除在外的地區和傳統，與西方哲學又具有什麼關係呢？

作為基督教先驅的猶太教，以及穆罕默德於七世紀創立的伊斯蘭，在「一神教」這個與基督教共通的傳統下，與西方哲學保持著一定的關聯。雖然這兩個宗教對西方哲學未必常保寬容，但在知識交流方面有著悠久的歷史。對於猶太教哲學與西方哲學的交流，我們可以列舉邁蒙尼德（Maimonides, 1135-1204，西班牙中世紀猶太哲學家）、史賓諾莎（Baruch de Spinoza, 1632-1677，近代荷蘭哲學家）、列維納斯（Emmanuel Levinas, 1906-1995，立陶宛出生的現代法國哲學家）等人為代表。

另一方面，阿拉伯—伊斯蘭世界以希臘哲學的翻譯為基礎，也發展出獨特的哲學。特別是吸收亞里斯多德哲學並加以發展的阿維森那（Avicenna, 980-1037，中世紀波斯哲學家）與阿威羅伊（Averroes, 1126-1198，西班牙中世紀伊斯蘭哲學家），他們的學術從十三世紀起被引進西歐拉丁語世界，對西方哲學的發展產生了很大助力。然而，即使在哲學史當中有提及這些伊斯蘭哲學家和西方哲學之間的關係，但是對他們的認真關注還是不多。

即使同屬於基督教文化圈，隨著羅馬帝國分裂、在脫離拉丁語圈的希臘語文化圈中，東正教從拜占庭帝國傳播到東歐和俄羅斯，並塑造出受到新柏拉圖主義強烈影響的東方神學。因為東正教傳統和受天主教與新教影響的西歐哲學有相當大的差異，因此經常被排除在西方哲學之外。以俄羅斯的弗拉基米爾・索洛維約夫（Vladimir Solovyov, 1853-1900，現代俄羅斯哲學家）為代表的獨特思想傳統，常被形容成是「東方的」或「遠東的」。

自新大陸被發現以來，作為西班牙與葡萄牙殖民地的拉丁美洲，雖然接受了天主教與西方哲學，但並未被納入西方哲學史的範疇。這與北美英語圈被視為西方哲學的一部分，並在其中發揮重要作用形成了明顯的對照。然而，拉丁美洲各國在受到法國與德國等大陸哲學影響的同時，也發展出不同的哲學，特別是二十世紀上半葉，訪問阿根廷的西班牙哲學家荷西・奧德嘉・賈塞特（José Ortega y Gasset, 1883-1955），對拉丁美洲哲學界產生了深遠的影響。此後，拉丁美洲各國也引進了英美分析哲學，同時摸索著拉丁美洲哲學的獨特性。

關於看似與哲學無關的非洲，也持續重新發掘自古以來的傳統，並熱烈討論現代的非洲哲學。以法蘭茲・法農（Frantz Fanon, 1925-1961）為代表的反殖民地主義與反種族隔離思想，呈現出多樣化的可能性，並引起了廣泛的關注。

讓我們將目光投向亞洲，除了中國與印度，不僅對韓國和日本的關注相對有限，其他地區如東南亞、蒙古與中亞，更是幾乎被忽視的狀態。可是，對於共享漢字文化，而且以佛教、道、儒教為基礎的東亞哲學，如果將其作為一個整體來考察，其重要性無疑是不可忽視的。

目前，我們生活的當代世界，正逐漸超越西方文明的框架，邁向一個多元價值觀與傳統交織融合的新階段。為了推動哲學的世界化、並探索多元思維的可能性，這些數量龐大的非西方哲學肯定會帶給我們重要的啟示。

在認識哲學多樣性的同時，我們也必須意識到，在「全球化」的名義下，多元性與獨特性正逐漸被統一的標準與價值觀所取代。不僅是經濟和政治在國際化的浪潮中高度同質性，透過英語展開的交流、資訊管理，以及隨著商業資本而來的消費文化也正在席捲全球。在哲學世界中也是一樣，世界各地的大學，以及各種教育研究機構，雖然都把「哲學」列為共通的基礎科目，但這裡所指的「哲學」基本上仍是西方哲學，特別是現代英美的分析哲學更是占據核心地位。然而，這真的是唯一、或正統的哲學嗎？我們應該從世界哲學的視野來對此加以省思。

在反思哲學史的過程中，我們所處的日本位置顯得相當重要。自十九世紀中葉起，日本開始引進西方哲學，成為東亞地區最早接受西方哲學的國度，並且以西田幾多郎（一八七〇—一九四五）等思想家為代表，創造了獨特的日本哲學。同時，日本也深受自古流傳的儒教、道教、佛教、神道等東亞傳統的影響，這種多元背景賦予了日本在思考和傳播「世界哲學史」時的獨特優勢。因此，在建構「世界哲學史」的過程中，日本的視角將發揮至關重要的作用。

世界哲學史的方法

那麼，我們又該採取什麼方法來書寫世界哲學史呢？如果只是簡單地並列不同地區、時代和傳統的思想，不過是黑格爾所謂「愚者的畫廊」的羅列展示罷了。既然稱之為「哲學史」，那就必須將這些思想以某種方式加以整合，並形成一個連貫的脈絡，使其具備真正的哲學意義。

儘管如此，若我們的視野僅限於西方哲學的歷史，從古代經中世、近代直到現代，便足以勾勒出一條清晰的發展脈絡。然而，一旦我們跨越這個限制時，哲學史就可能顯得支離破碎。即使我們考察了許多不同地區與傳統，但僅僅將它們並列，仍不能構成真正的「世界哲學史」。那麼，試圖從整體上捕捉人類哲學活動的世界哲學史，究竟該採用什麼方法來加以書寫？光是這個問題本身，就是一個極富挑戰性的哲學課題。

在這裡，我們首先要仔細審視各種迥異的傳統與思想。接著，弄清這些思想中共通的問題意識與思考架構，以及它們對這些問題的答案，並在其歷史脈絡中進行考察與比較。如果說這與傳統的比較思想有所不同，那就是這種比較不僅侷限於兩者或三者之間，而是最終在世界整體的脈絡下進行比較，從而確認其共通性與獨特性。另一方面，如果不受限於歷史的時間序列，或許也能將思考構造放在同一個競技場上、進行共時性的比較。井筒俊彥在《意識與本質》（一九八三年）中，便在嶄新的「東洋」哲學概念下，實踐了「共時性結構化」的方法，展開了相當具有啟發性的探討。

不僅如此，我們更要進一步考察這些多樣化的哲學，在「世界哲學」的視野下，究竟擔負著什麼意義。例如，古希臘哲學不僅是西方哲學的起源，更承擔了超越西方範疇的多樣性與可能性，而對於伊斯蘭、近代日本等其他哲學傳統也具有重要意義。另一方面，在探討「作為世界哲學的日本哲學」這一課題時，我們應該重新發現日本思想的獨特性。這並非來自於日本哲學無法翻譯的「奇癖性」（eccentric），而是因為其獨特性而值得世界關注。例如，閑靜（wabi）、空寂（sabi）、物哀（mono no aware）、粋（iki）等語彙，應該放在世界哲學的語境中，才能被錘煉成真正的哲學概念。

不論是何種思想，要被世人視為「哲學」而加以討論，就必須具備普遍性與合理性。另一方面，我們也必須清楚認知到，所謂「普遍」（universal）與「理性」（rational）的概念，正是來自於希臘哲學的遺產。面對世界哲學的挑戰，我們將再次面臨「哲學是什麼」的問題。

本系列的意圖與架構

這套「世界哲學史」將透過全九冊的叢書，全面概覽由古至今的世界哲學。從具備時代特徵的主題出發，逐一考察每個時代的不同傳統；這些傳統之間不僅存在中間地帶與相互影響，也有融合與傳統的形成，還與經濟、科學、宗教有著密切的相關性。透過這些觀點，讓我們得以呈現往往被忽視的「知識的活力」。當我們透過歷時性（diachronique）來考察世界各地的哲學傳統與活動時，應該就能獲得「現在我們位在何處？將來又該如何前進？」的重要提示。透過前面的新角度，重新建構人類知識的運作模式，這就是「世界哲學史」的嘗試。

接下來，我想從這套書的整體架構，來闡釋這套「世界哲學史」的主旨。

本冊處理的是哲學成立的古代最初期。在「從智慧到愛智」這個副標題下，我們將考察直到西元前二世紀為止、眾多地區的人類，在文明伊始之際如何思考「世界」與「靈魂」。我們一方面觀察文明誕生的古代近東，具體是埃及與美索不達米亞，同時也關注舊約聖經與猶太教。接著我們將分別探討卡爾・雅斯培（Karl Jaspers, 1883-1969）所謂「軸心時代」的古代中國、希臘和印度等三個地區。特別是被視為西方哲學發源地的古希臘，我們會按時代分成四章加以檢討。最後，我們會從《彌蘭王問經》等作品，來審視因亞歷山大遠征而產生的文化交流，尤其是希臘和印度之間的接觸。

第二冊以西元前一世紀到後六世紀為範圍，多方探討古代後期哲學的世界化過程。源自古希臘的哲學傳入羅馬世界，隨後與基督教的普及相互影響，奠定了歐洲的基礎。同一時期，在印度出現大乘佛教，中國則確立了儒教的傳統。從印度傳來的佛教在中國與儒教展開論爭，而古代文明之地的波斯則確立了瑣羅亞斯德教（祆教）。基督宗教把希臘語世界的傳統透過拜占庭帝國廣泛傳播到東方，而在西方的拉丁語世界中，天主教的中世哲學也得以確立。

第三冊開始進入中世紀，聚焦於西元九世紀到十二世紀的世界。隨著古希臘文明的傳承與基督宗教的擴展，我們一方面考察拜占庭東方神學的成立，另一方面也考察西方基督教世界中教父哲學與修道院的發展。在這樣的背景下，西歐於十二世紀迎來了文化的興盛。同時，穆罕默德於西元七世紀創立的伊斯蘭教，產生了正統和異端的內部分裂，並開始發展出獨樹一格的伊斯蘭哲學。另一方面，在中國出現了佛教、儒教與道教交錯的狀況，而印度發展出來的形上學也在東亞引發了討論。

第四冊關注的是中世紀末期的十三到十四世紀。在這個時期，經院哲學達到鼎盛，出現了如多瑪斯・阿奎那與鄧斯・司各脫等傑出人物；在伊斯蘭世界則有阿維森那和安薩里（Al-Ghazali, 1058-1111）等活躍的哲學家。中世紀的猶太思想也是這個時期的重要角色。此外，西歐的中世紀哲學出現了唯名論，而在中國及日本則分別迎來了朱子學與鎌倉佛教各派的成立。

第五冊處理的是由中世紀轉往近世的十五到十七世紀，也就是巴洛克時代。基督教神祕主義在西班牙興盛，成為近代公民社會經濟倫理的重要要素。文藝復興並非徹底的刷新，而是包含了經院哲學在近世的發展。耶穌會踏足中國和日本後，產生了哲學交流，最後終於出現了霍布斯、笛卡兒等人的西方近代哲學。我們也會描述朝鮮思想與在日本、明朝展開的新哲學，具體來說就是朱子學與反朱子學的東亞哲學諸面向。

第六冊討論的是近代哲學的各個層面，論及蘇格蘭、英國、法國的啟蒙思想，以及美洲的殖民地獨立思想。到了十八世紀末，出現了康德的批判哲學。同一時期，啟蒙思想也在伊斯蘭擴大，中國有清朝的哲學，而日本則有江戶時期哲學。

第七冊以自由和歷史為主題，討論在萌生國族意識後，開始批判近代西方的德意志，以及誕生了演化論與效益主義的英國。同時代的美國，則是在新世界意識下，誕生了實用主義。此外，我們也會探討法國的唯靈主義（Spiritualism）、印度的近代哲學、以及明治時代以降日本的近代哲學。

最後的第八冊，我們將多方面檢討「全球化」的現代知識體系。在分析哲學、歐陸哲學等主流思想以外，我們會討論後現代、性別意識、批判理論等現代思想，也會考察伊斯蘭、中國、日本等在內的現代東亞。最後，我們則會介紹非洲哲學的可能性。

這套書以全九冊形式總覽世界哲學史，是日本首次正式嘗試，期望能為未來哲學的展現開拓更多可能性。雖說是放眼世界，不過西方哲學所占比例還是偏重，這點不容否認。然而，借助作為我們共通基礎的西方哲學，將與之對抗、開拓出別種可能性的諸多哲學納入眼底，如此才能打開通往世界哲學的可能性。世界哲學與世界哲學史的嘗試今後將會發揮什麼樣的作用，這套「世界哲學史」應該會成為其出發點吧！

CHAPTER

one

第一章

關於哲學的誕生

納富信留

哲学の誕生をめぐって

一、軸心時代

作為人類知性活動的哲學

自從人類懂得使用言語相互溝通和思考以來，其實就已經展開了某種「哲學的活動」。「生」是怎樣一回事，「死」又是怎樣一回事？人生的意義究竟是什麼？「我」是什麼、「世界」是什麼、「愛」又是什麼？在人生中面對這些問題提出疑問，並試著尋找答案——上述的思索與議論，毫無疑問是身而為「人」者，不論在哪個時代都會產生的共通行為。

然而，現在這些思索和議論已經體系化，成為一門稱為「哲學」的專業學科，在大學和研究機構中從事教育和研究活動。再進一步說，實際上這門學科的教育和研究幾乎全部來自西方哲學及其衍生的現代哲學。不僅如此，學術上的「哲學」到現在還被人們認為是一種難以親近、使用費解專業用語的學問。然而，哲學原本就是這樣的嗎？現在是否正是追本溯源，對其重新思考的時刻嗎？

在這方面，主要有兩個問題值得加以思考：第一，為什麼「哲學」會以西方為中心？難道在西方以外的地方，就沒有哲學的存在嗎？第二，為什麼「哲學」會遠離人生與生活，變成一門曲高和寡的學問？為了回答這兩個問題，我們必須重新審視並探討一種被遺忘的可能性，即建構「世界哲學」的嘗試。為了讓哲學成為人類共通的活動，我們有必要超越西方傳統，擁有真正多元且普遍的視野；不僅如此，我們也有必要跳脫狹窄的學術領域，重視並思索自己所生存的場域。而能夠實踐這種思索與展望的場域之一，就是「世界哲學」的嘗試。

為了回答上述兩個問題，我們需要考察一個重要主題，即世界哲學史的「開端」是如何形成的，並且探究古代哲學的起源。哲學是如何誕生的呢？哲學從一開始就只存在於西方（歐洲），還是其他文明也同樣有具哲學思維的活動呢？如果後者是對的，為什麼這些文明的哲學沒有像西方哲學般獲得飛躍性的發展，並成為世界性的學術活動呢？解決這個問題的關鍵，應該就在古代文明的自身之中。

如同人類起源於非洲，或是農耕起源於西亞等歐亞大陸各地，我們可以推測，被稱為「哲學」的思維活動應該起源於某個特定時代的特定地區。至少，如果我們將「哲學」視為一種超越日常思維及社會共享的神話及宗教儀式，進而深入思考包括宇宙在內的整體世界與我們自身存在的方式，那麼這樣的哲學活動據信是在幾個地區於相對較短的時間內集中發展起來的：中國黃河流域的諸子百家、恆河與印度河流域的古印度哲學，以及繼承尼羅河與兩河流域近東文明的古希臘哲學。這三個主要起源，各自成為亞洲與歐洲傳承發展的哲學起點，並展現了人類哲學的共通樣貌。本冊對「哲學誕生」時刻的探問，正是基於上述的問題意識。

雅斯培的「世界哲學」構想

現今我們所熟悉的「哲學」，基本上指的是「西方哲學」；對於這點，屢屢有人指出其中存在的扞格與矛盾感。而在歐洲，有一些提出「世界哲學」理念的哲學家，其中一位便是卡爾・雅斯培。雅斯培曾任德國的精神科醫生，一九三〇年代當他在海德堡大學教授哲學時，開始構思「世界哲學」（Weltphilosophie）。〔參見漢斯・薩納（Hans Saner），《孤獨與交會：雅斯培與海德格》，盛永審一郎、阪本恭子譯，晃洋書房，頁二七－五五〕

然而，這個時代的德國正值納粹興起，大肆宣傳德意志民族文化與雅利安人優越論。在這個世界分裂、民族與文化的優劣聲浪高漲的時代，大膽構思「世界哲學」的雅斯培，在一九三七年因反對納粹而被逐出了大學校園。

關於雅斯培在這一時期的構想，他在一九五一年撰寫的論文〈我的哲學之路〉中作了這樣的回顧：「我們正在從歐洲哲學的黃昏，穿過現代的黎明，邁向世界哲學曙光的路上。」（草薙正夫、林田新二等譯，《邁向哲學之道》以文社，頁二〇）在一九五七年的《哲學自傳》中，他也同樣說道：「我們正處於從歐洲哲學黃昏走向世界哲學曙光的道路上。」（重田英世譯，理想社，頁一五九）

隨著現代科學和哲學的突飛猛進，西方文明已經走入死胡同的看法，在十九世紀下半葉到二十世紀之初盛極一時；德國歷史哲學家史賓格勒（Oswald Spengler, 1880-1936）在第一次大戰期間撰寫的《西方的沒落》（*The Decline of the West*, 1918; 1922），在當時引起了很大的迴響。然而，雅斯培並沒有以悲觀態度去看待這種被稱作「黃昏」的演變，反而從積極地認為這是邁向嶄新世界哲學的破曉之路。雅斯培將世界哲學視為一種「共通的空間」，因此他認為哲學的實踐場域不僅僅限於西方，也向西方之外的各種哲學敞開大門；並且不侷限於現代，也將古代納入視野之中。

提出「軸心時代」的理念

雅斯培在一九四九年刊行的著作《歷史的起源與目標》（重田英世譯，理想社）中提出一個著名的理念「軸心時代」（Achsenzeit）。在這個以西元前五百年為中心的時代，印度誕生了以奧義書為核心的哲學，並陸續成立各種新哲學的派別，例如耆那教與佛教。在中國，以孔子和老子為首，迎來了諸子百家的時代。在波斯有瑣羅亞斯德、巴勒斯坦有猶太各先知，在希臘則有從荷馬到各類哲學家和科學家的活躍。大致從西元前八百年左右到前兩百年左右，這三個地區的知識變革絕非僅僅是偶然的平行現象。這些變革構成了人類存在所應回歸的根源，換句話說，即是世界歷史的「軸心」。

軸心時代並不是人類文明的開端，而是在這之前歷經數千年發展的古代高度文明，隨著全新精神的出現而終結並被超越的產物。這場重大變革正是我們可以深入思索「哲學誕生」謎團的關鍵時刻。

雅斯培是這樣說的：「當這三個世界交會時，一瞬間便使三者產生了**彼此相互理解到最深處的可能性**。」（頁三二）因此為了人類的相互理解與統一，我們有必要探求作為「普遍歷史」（universal history）的世界哲學史。

跨越雅斯培的界限

針對提倡「軸心時代」的雅斯培，將基督教與西方文明視為「歷史」的陣營產生了相當強烈的反彈。如果將人類歷史視為從亞當誕生到最後審判的歷史，或者是一種「理性自我發展」的歷史，那麼非西方的部分將會被排除在外，並被視為不完整和劣等的思想。

另一種批判聲浪則認為，儘管雅斯培提倡軸心時代，但其根本上仍然帶有強烈的歐洲中心主義色彩。事實上，他對於中國、印度、甚至是日本的世界歷史觀，都稱不上是正確的考慮與理解。雅斯培畢竟是一位尊崇古希臘哲學的西方哲學家，也因此難以完全擺脫這一限制。

特別是對於繼承了「軸心時代」之中國和印度傳統的日本來說，雅斯培所致力卻未能實現的「世紀哲學」實踐，使我們對於歐洲內部的侷限性格外敏感。西方哲學家真的能夠理解異文化並做出正確評價嗎？二十世紀的文化人類學與後現代主義，重新提出了這個問題；畢竟，這些哲學家的侷限並不只在理念上，在實際的經驗與見解上也存在限制。

但是，儘管存在這些批判，雅斯培關注多種人類的共同議題、並從中掌握哲學的本源，這樣的做法依然具有深遠的意義：

關於軸心時代，最具爭議的就是作為一種歷史事實所呈現出來的共通性，也就是直至今日仍被視為有效且處於極限狀態的人類存在原則，突然出現的事實（突破，Durchbruch）。（《歷史的起源與目標》，頁三五）

在我們理解與評價此一歷史事實的過程中，會共享「箇中蘊含的靈魂感動」（《歷史的起源與目標》，頁三六）。雅斯培對軸心時代的思索，不僅僅是歷史事實的分析，更是與「哲學是什麼」這一命題的誕生深入交纏，從而對「人類是什麼」所產生的深刻驚奇。

二、對起源的追問

起源於希臘

雅斯培用「突破」來稱呼的歷史性飛躍，指的是人類所經歷各大文明神話時代的告終。這是可稱為「精神化」的人類存在的全面性變革，從這當中出現了「哲學家」；這樣的過程絕對不是單線上昇式的發展，而是應當視為「破壞與新生同時進行」的時代。（《歷史的起源與目標》，頁二八）由此哲學史正式開始，直至今日，而我們必須審視這樣的轉變與飛躍。

這種轉變，至今仍然在「哲學的起源是什麼」的問題中被探討；特別是在研究被稱為「哲學之開端」的希臘哲學時，更是絕對無法回避的問題。哲學擁有起源這件事本身，乍看之下似乎是個頗為奇妙且倒錯的問題，但實際上，這是對「哲學是什麼」最直截了當的提問。

在定義西方哲學時，至少有一個最為有力的答案是「開始於古希臘，並被傳承下來的哲學」。就像阿爾弗雷德・懷海德（Alfred North Whitehead, 1861-1947）的名言「若要對歐洲哲學傳統作最保守的概括，它是由對柏拉圖的一系列註腳組成。」（《過程與實在（上）》，山本誠作譯，松籟社，頁六）如這句話所表述，之後的西方哲學都是在「起源於希臘」這個框架內展開的。

當然不容否認的是，誕生於後世歐洲的思想，並不能全部被包含在希臘哲學之內，而是混合了各式各樣要素而誕生的嶄新思索。然而，西方哲學經常以希臘為源頭和模範、甚至是反面教師，對其進行模仿或反抗式的再現，這樣的歷史也是確鑿的事實。

接下來，作為西方哲學起源的古希臘，其哲學的起源又是什麼呢？這就成了需要追問的問題。

古代的哲學起源論爭

關於古希臘的「哲學起源」，將在本書第六章詳細探討。然而，值得指出的是這個問題在古代其實曾引發過相當激烈的論爭。在西元三世紀上半葉的哲學史家第歐根尼．拉爾修（Diogenes Laertius）所著的《哲人言行錄》（*Lives and Opinions of Eminent Philosophers*）序章中，就深入探討了哲學的起源，並提供了哲學家譜系的大致架構。

第歐根尼首先引用的是當時流行的說法：「哲學始自異邦人」。波斯人的哲學始自賢者（magus），巴比倫人與亞述人的哲學始自擔任占星術師的迦勒底人，印度哲學始自裸體的苦行僧（gymnosophistai），而凱爾特人與哥德人的哲學，則始自人稱「德魯伊」或「賽莫諾迪奧斯」（Semnothei）的祭司。這種論述的依據，是出自亞里斯多德撰寫的《論魔術》（已佚失）[1]與索提安（Sotion）的《哲學家譜系》（*Successions of Philosophers*）。另一方面也有人主張埃及人的哲學是由神官或先知來教導的。

但是，針對這種哲學異國起源說，第歐根尼說則是明確論述希臘人就是哲學的起源：

然而，他們沒有意識到哲學不僅源自希臘人，人類種族的開端也是如此，卻盲目地將希臘人的成就歸功於其他民族。（《哲人言行錄》第一卷第三節）

有意思的是，第歐根尼提及的各種說法中，除了在希臘文明以前或以外尋求起源，還提及雅典的繆薩尤斯（Musaios）和利諾斯（Linos）等神話時代的人們，也算作是哲學的起源。但是，對生活在羅馬時代的第歐根尼來說，以希臘人為中心的世界觀，已經根深柢固。他把「哲學」（philosophia）這個名稱的獨特性作為希臘起源論的依據：

> 哲學始自希臘人，連它的名稱本身，也不是來自異國語言的稱呼。（同前揭書，第一卷第四節）

「philosophia」這個詞彙是希臘語的合成詞，當它在希臘誕生之後，便被以拉丁語為首的各種語言用譯音的方式轉寫，一直使用到現在，這是眾所周知的歷史事實。第歐根尼在概觀埃及人與賢者等的哲學之後，引用畢達哥拉斯首度自稱「哲學家」（philosophis）的軼聞（第一卷第十二節），得出「哲學乃是始自希臘」的結論。

因此，第歐根尼認為哲學的譜系是始於希臘人。它的起點是泰勒斯的弟子阿那克西曼德

■

1 譯註：據考證，亞里斯多德在其著作《論魔術》（希臘語：Magikos）中探討波斯祭司（Magi）的智慧與技藝，可能涉及波斯宗教、占卜以及神秘實踐的哲學詮釋，目前已佚失。該書作者身份存在爭議，有學者認為其出自亞里斯多德的學生或後世追隨者。

（Anaximandros），以及費雷西底（Pherecydes of Syros，約前六世紀）的弟子畢達哥拉斯；前者產生出愛奧尼亞哲學，後者則成為義大利派哲學的起源。

但是，至今為止的希臘哲學史中，「哲學的起源」不只是最具代表性的泰勒斯，還有阿那克希曼德、畢達哥拉斯、巴門尼德、蘇格拉底等各式各樣的哲學家；甚至還有認為要回溯到泰勒斯以前的詩人，像是荷馬與海希奧德的觀點。故此，在之後的哲學史中，對於在希臘哲學內部「誰才是最初的哲學家」這個問題也充滿爭議。

追問「起源」的哲學

那麼，哲學起源於古希臘這件事，究竟意味著什麼呢？

所謂「起源」的第一要素，就是在時間上屬於過去。當我們追溯某種事物的存在或曾經存在的過程時，「起源」就是那個應該回到的起點。正是由於這個起源，才展開了後續的發展，最終形成今天的樣貌。「起源」就是這樣一個從現在回溯過去的終點，它既是規範現有存在方式的起點，也是其基礎。

希臘語中相當於「起源」的詞彙是「始源」（arche），除了「時間上的起點」意思外，還包含了「現在如何存在的『原理』」這層意思。「始源」的雙重意思，反映了「過去的原因，會殘留於現在樣貌的根柢之中」的看法；簡單說，就是「祖先的血液，直到今日依然流淌於我們的身體裡」的感覺。

希臘哲學不僅被視為西方哲學的起源，同時開創了對「起源與原理」的追求、並且對此持續堅持的獨特思考方法。例如荷馬和海希奧德等詩人在哲學誕生之前，就已經開始探討世界的起源。然而，之後的希臘哲學家則脫離了這種神話形式，透過邏各斯（logos）來探究追問起源。對於追問及回溯起源的重視，比任何事物都重要——這種思考方式和態度在西方學術中特別顯著。這種重視「獨創性」（originality）與「原著者」（author）的文化，也一直傳承至今。

追問起源的思考法即針對現有的存在方式，假設其有特定的、通常是一個或數個泉源，再從中找出其譜系或是發展模式，進而試圖理解其整體。因此，被稱為「哲學」的人類活動被認為是始自於古希臘哲學的單線發展，並與另一個主流——基督教交融，由此形成；而這種對「起源」的特殊質問方式，也在哲學中建立了將「非西方」的元素排除在外的結構。

既然如此，那我們應該放棄對「起源」的探討嗎？或者說，必須把希臘式的哲學觀念視為特殊扭曲的事物而予以揚棄，從而使哲學向世界開放？事實上，只要人類仍在從事哲學，回溯現有存在方式的根源並追問其「起源」，仍然具有決定性的重要意義。在這種情況下，我們就不能陷於偏狹的哲學觀，而應該探索多元且普遍的「世界哲學」的起源，即真正的哲學性「起源」。因此，研究古代中國和印度等地的哲學思想如何發展，將成為極為重要的參考。

三、對哲學的追問

近代日本與「哲學」

在西方文明中，「哲學」被認為誕生於古希臘，因此西方哲學則常常透過返回此起點，來確保自身的認同。自羅馬以來，舉凡文藝復興、古典主義乃至現代，回歸古希臘往往意味著對正統哲學的激進實踐。另一方面，西方哲學在橫跨兩千六百年的發展中，已設定各種哲學概念、邏輯、思維方式乃至討論問題的架構，從而規範「哲學」該如何進行。直至今日，這些規範仍然是大學和教育研究機構進行哲學研究的基礎。

然而，與西方哲學劃上等號的「哲學」理念，對於被排除在這一傳統之外的他者來說是過於沉重的負擔。長期以來，基本處在中國和印度的東亞文明圈中的日本，受到儒教和佛教的深刻影響。然而直到十九世紀中葉，隨著突如其來的開國，日本不得不直接面對西方文明，並承受兩文明之間差異所帶來的衝擊。

江戶幕府末期至明治時代的啟蒙思想家西周（一八二九—一八九七）在接觸到「philosophy」這門學問時，他刻意避開「理學」等儒學術語，而採用了全新的「（希）哲學」概念，這段來龍去脈相當有名。西周將西方哲學視為與東洋既有學問和宗教完全不同的思考傳統，這不僅是他的獨到見解，也顯示了需要創造新詞彙以解決的困難。隨後，這個特殊的翻譯詞被廣泛應用於中國、韓國等東亞漢字文化圈，這一點在考察世界哲學時尤為重要。

近代日本從明治時期開始，積極引進西方哲學並加以吸收，正如同中江兆民（一八四七—一九〇一）晚年的回顧：「我日本由古至今，未曾有過哲學。」這種對自身傳統中「不存在」西方哲學的現象，曾使他深感自卑。正因為如此，西田幾多郎等京都學派在接受西方哲學的基礎上，將日本獨有的傳統納入思考，最終孕育出了被稱為「哲學」的思想。這樣的敘事，直到現在仍被視為主流觀點。

由於明治以來的經驗，日本至今依然有著「『哲學』就是指西方哲學」這樣根深柢固的看法。也正因此，自儒教佛教傳入以來一直到江戶時期日本的各式各樣宗教思想，包括歌論、能樂書與文學論等在內，就算被稱作「思想」，也普遍不會被視為「哲學」。在受西方哲學影響的近代之前所產生的種種思想，即使到了現在，通常還是被稱為「日本思想」；至於要使用「日本哲學」這個稱呼，則大家仍然感到相當猶豫。

但另一方面，近年來「日本哲學」在海外，特別是在歐美引發了廣泛討論。隨著空海和道元等近代以前的哲學家獲得積極的評價，「日本哲學」的名稱也得以確立，並用於整個日本思想史。然而，這種關於「日本哲學」與「日本思想」的模稜兩可狀態，反映了日本在面對西方衝擊時，圍繞「哲學是什麼？」這個問題而產生的對立與矛盾。

近代中國與「哲學」

不同於近代日本經常回溯到「philosophia」的原義來理解「哲學」，中國自十六世紀以來，便透過利瑪竇（Matteo Ricci, 1552-1610）等耶穌會士引進西方哲學，同時也反過來向歐洲介紹中國哲學，因而擁有長期交流的經驗。事實上在歐洲的萊布尼茲（Gottfried Wilhelm Leibniz, 1646-1716）等人對中國哲學抱持興趣，並且很早就認識到其重要性。

然而，即使在中國，是否存在與西方哲學相對應的「哲學」也引發了討論。中國曾經使用「斐錄所費亞」、「智學」等語彙[2]來稱呼這種學問的中國，但在清末從日本引進「哲學」的概念後，這一問題再度引起關注。當時對西方傳來的「哲學」主要有三個批評重點：其一，認為其空言無實用價值；其二，包含有害的「民權自由平等」思想；其三，認為與中國傳統學術不兼容。特別是在教育體系中，許多人擔心中國傳統思想會被西方哲學的框架所吸納。

在日本學習過西方哲學的梁啟超（一八七三－一九二九），在一九二七年刊行的《儒家哲學》中認為中國並不存在真正的哲學，因此主張傳統思想應該走和哲學不同的獨立道路。另一方面，當馮友蘭（一八九五－一九九〇）於一九三四年出版《中國哲學史》之際，金岳霖（一八九五－一九八四）也提出了「中國哲學」與「在中國的哲學」之間的區分問題。這引發了對以西方哲學為基準來處理中國傳統思想是否適當的討論。類似於日本的情況，當時的中國知識分子也面臨著這樣的問題：有些人主張哲學自古便已存在於中國，只是中國人未曾自覺；而另一些人則主張應該將作為外來學問的哲學納入自身的問題範疇，從而建立「中國哲學」的概念（參見陳繼東〈清末對「哲學」的接受〉，《中國社會與文化》第十九號，二〇〇四年）。

二〇〇一年九月，雅克・德希達（Jacques Derrida, 1930-2004）在上海的訪問中聲稱「中國沒有哲學，只有思想而已」，此言論重新點燃了相關的爭議。這場被稱為「中國哲學合法性」的論爭，一直持續到二〇〇四年春季。在這場爭論中一派提出「中國哲學」這個說法是否可行，從而被認為是動搖了這門學問及學科的基礎，是一個很嚴重的問題；但另一派則認為，這不過是一個虛擬問題。然而，最終的共識基本上是：在中國確實不存在與西方哲學同義的狹義「哲學」，但從更廣義的角度來看，中國的思想體系可以與西方和印度的「哲學」相提並論。

一般而言，在中國和韓國，並沒有像日本這樣的困惑，而是更多地將「中國哲學、韓國哲學」這樣的名稱用在自古以來的思想傳統。然而，根本的問題在於，東亞的哲學傳統中仍然存在著某種程度的共通性。

■

2 譯註：出自十六世紀耶穌會士艾儒略所著的《西學凡》。

哲學的普遍性

雖然我們看到日本和中國對「哲學」這個詞感到不太自然，但「世界哲學」的研究本身就不應該僅限於特定的民族、文化或族群，也不應該排斥他者。在古希臘，哲學（philosophia）的定義為「熱愛（philo）並追求智慧（sophia）」的生活方式。這種生活方式旨在追求真理和知識，因此必然具備普遍性。指的是超越一切限制，自身便能成立的特質，這也是亞里斯多德哲學中的核心概念。哲學的普遍性可以分為兩種，其一是：哲學不受時代、文化與言語限制。只要人類存在和思考，就會進行這種普遍的思考活動。其二則是：哲學的目標和對象是「普遍性」（universality）本身；換句話說，哲學是一種關於「普遍性」的知識活動。從第一種意義來看，既然人類的存在是普遍的，那麼就不存在「沒有哲學」的時代或文化。從第二種意義來看，若某個思想體系不以「普遍性」為核心，那麼它就不應被視為哲學。

但是，當缺乏這些條件時，會產生嚴重的理論困難。首先就第一點而言，如果存在沒有哲學的時代、文化或民族，或者哲學的參與程度有所差異，那麼「哲學對人類而言是普遍的」這一觀點就會受到挑戰。

至於第二點，從歷史上看，哲學活動的多樣性令人懷疑這些活動是否真的都以普遍性為目標。事實上，對「絕對真理的存在」與「普遍性的追求」提出疑問和批判，已經深刻影響了現代社會。然而，如果某些思考方法不以普遍性為目標，那麼它們就無法被稱為「哲學」，而哲學也就不再是人類普遍性的思維活動。在這種情況下，只有當兩種意義的「哲學普遍性」相符合時，這一概念才成立；否則，在兩者都無法滿足的情況下，理論上我們必須在其中作出選擇。

事實上，後現代和相對主義特徵的現代，對真理、絕對性和普遍性大多持批判態度。積極主張這些觀點的人常被視為守舊派，並且可能被質疑是否有意以「共通性」的名義來排除和抹消「個別性」。因此，「哲學」的意義和存在問題，也需要重新受到追問。

另一方面，全球化的現代背景下，經濟力、政治力、技術力和資訊力使得一元化的價值觀在全球範圍內蔓延。在哲學領域也不例外，原本多元發展的異文化中的各種哲學逐漸衰退，英語世界的分析哲學成為主流，科學主義和自然主義也日益普及。這些現象似乎顯示出一種朝向一元化和共通化的趨勢。因此，哲學的普遍性在前述兩種意義上似乎已經成立，但現狀卻面臨著朝向負面共通與劃一化的壓力。

超越兩難的世界哲學

若是以「普遍性」來重新梳理「西方哲學」，我們將會面臨一個可稱為「哲學困境」的嚴峻問題。這個困境體現在將「普遍性」作為哲學定義的內涵，與其西方起源的歷史性之間所產生的矛盾。始於希臘哲學的西方哲學，與日本、中國等非西方文化的關係，可以這樣來理解：

困境的一端是，如果像處理近代以前日本那樣，把非西方、非希臘的思考排除在「哲學」的領域之外，那麼哲學就無法作為一門普遍性學術而成立。換句話說，最終只有希臘傳統及其繼承者——歐洲的西方哲學能被視為「哲學」，而「普遍性」也就不再是哲學的特徵了。

困境的另一端則是在於，如果將「普遍性」視為哲學的本質，事實上這只是從一種極度西方化及希臘化的觀點。倘若其他文化和時代的思考並不具備希臘式的「普遍性」，那麼以不具有普遍性為由，將非西方的思考加以排除，對西方起源的哲學而言，似乎是理所當然的作法。然而，我們也會得出一個結論，那就是這種特殊性正是欠缺「普遍性」的思考。

這種哲學的困境，呼應先前提及的「普遍性」雙重意義上的難題，暗示著當我們具體將日本視為非西方來考慮時，「西方哲學」這個概念本身可能會不再成立。無論是兩難的哪一端，都告訴我們：高舉著「普遍性」、起源自希臘的西方哲學，沒有理由將其他思考方式視為「哲學」而加以接受。正因為如此，我們又會得出一個結論，那就是西方哲學本身並不符合「哲學」的定義。因此，為了實踐基於哲學普遍性的「世界哲學」，我們必須突破這個困境才行。

然而，日本在近代面對西方哲學所產生的「哲學」問題意識，並非毫無根據。在「哲學」之名下實踐的西方知識活動，確實受到古希臘以來的思維方式以及隨之而來的歷史結構的強烈影響。即使到了今天，這種對「哲學」的理解依然在歐美等地頑固地保留著。正因為如此，非西方的思維方式往往被貶為「非邏輯、非哲學」，有時甚至也會承受過高的期望；而這就是愛德華・薩依德（Edward W. Said）稱為「東方主義」的問題。正因為如此，日本被視為沒有「哲學」，有的不過是「思想和宗教」罷了。以西方的「philosophia」為基準，將其他思維方式排除在外的傾向，在日本哲學界至今依然根深柢固。

我們討論「哲學的誕生」的目的，是在相對化「哲學起源於希臘」的同時確立基礎，讓印度、中國等並行的哲學傳統能夠在同一個舞臺上進行評價。這就是「世界哲學史」的意義，也是我們自身的哲學的可能性。

我們必須追問的是：人類是在何時、又是如何超越自然而進行思考和生活方式，從而建立起被稱為「哲學」的這種嶄新的知識活動？這是要超越排他的一元歷史觀，能否確立多元開放的普遍性，這就是實踐世界哲學的我輩之課題。

延伸閱讀

中山剛史，《雅斯培：暗默的倫理學：從「實存倫理」到「理性倫理」》（晃洋書房，二〇一九年）——一本關於雅斯培哲學的真正的研究專著，討論了「世界哲學」的理念。

伽達默爾（Hans-Georg Gadamer），箕浦惠了、國嶋貴美子譯，《哲學的開端：早期希臘哲學講義》（*Beginning of Philosophy*，法政大學出版局，二〇〇七年）——考察早期希臘哲學的起源，由代表性的德國詮釋學家所撰寫的論著。

勞埃德（G. E. R. Lloyd），川田殖、金山彌平、金山萬里子、和泉千惠譯，《古代世界，現代反思：從哲學視角透視希臘、中國的科學與文化》（*Ancient Worlds, Modern Reflections: Philosophical Perspectives on Greek and Chinese Science and Culture*，岩波書店，二〇〇九年）——作者是劍橋大學的碩學，專攻古代希臘哲學、科學史，近年一直推進和古代中國的比較研究。

西周，《西周：現代語譯選集》（石井雅巳企劃、構成，菅原光、相原耕作、島田英明譯，慶應義塾大學出版會，二〇一九年）——將撰寫於幕末、明治時期，屬於近代日本哲學草創期的論文，轉譯為較易讀懂的現代語，並加以重新檢討的作品。

CHAPTER

two

第二章 古代西亞的世界與靈魂

柴田大輔

古代西アジアにおける世界と魂

西亞以猶太教、基督教、伊斯蘭教的誕生地而聞名，但遠在這些「啟示宗教」成立之前的數千年，這個地區就已經孕育了人類最古老的文明。值得一提的是，誕生在非洲東部的人類，無論是早期智人（舊人）或智人（新人），都是經由西亞擴散到全球；而他們的生活與社會型態，也在西亞經歷了重大革新。隨後在漫長的史前時代中，這個地區產生了人類最古老的文明，包括古代美索不達米亞與古埃及等文明——雖然嚴格來說埃及應該屬於東北非，但按照慣例，還是便宜行事，仍將其納入西亞範疇。本章將聚焦於古代美索不達米亞，介紹古西亞文明世界所發展的「世界與靈魂」思想。

一、古代美索不達米亞文明

美索不達米亞的環境

美索不達米亞在希臘語中意為「（兩）河之間」，指的是幼發拉底河與底格里斯河流域；這兩條河的源頭都位於現在的土耳其，然後經過敘利亞和伊拉克，最終流入波斯灣。

從自然環境來看，美索不達米亞的東北方有險峻的托魯斯山脈和札格洛斯山脈，而西南方則延伸著荒涼的敘利亞沙漠，美索不達米亞正位於這片山脈與沙漠的中間。更細分的話，其北部（上美索不達米亞）主要是廣泛延伸的草原地帶，現今巴格達近郊以南的地區則是由底格里斯

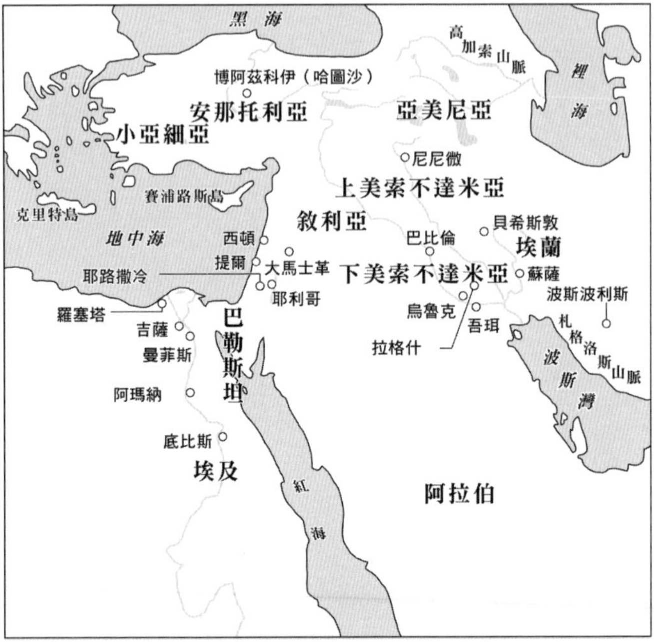

古代西亞的世界（西元前三二〇〇年至西元一〇〇年左右）

河和幼發拉底河帶來的土壤堆積而成的沖積平原。這片平原一直延伸到波斯灣的河口附近，曾經是一片蘆葦叢生、水草豐沛的沼澤地帶，然而這個地區後來被海珊焚燒並清除。

雖然北部的草原地帶稱為上美索不達米亞，南部的沖積平原則稱為下美索不達米亞，但兩者的生活與社會型態其實有相當大的差異。最明顯的是，在具有一定降雨量的上美索不達米亞，主要是依賴雨水來進行某種程度的旱地農耕；而在降雨量極少、卻位於沖積平原且土壤極度肥沃的下美索不達米亞，則專精於灌溉農耕。儘管人類難以生活的下美索不達米亞在西亞其他地區中出現得較晚，直到西元前六千五百到六千年左右才開始有人居住，但在組織化的共同體運作下，灌溉農耕產生了爆發性的生產力，很快便擁有了西亞地區最大的人口。隨後，即使上美索不達米亞成立了米坦尼（Mitanni）和亞述等大型帝國，下美索不達米亞的文化中心地位仍然得以維持。

雖然本章介紹的思想也被上美索不達米亞所接納，但其成立與發展的中心則是在下美索不達米亞。接下來，我們可以看到，有關「世界與靈魂」的思想明顯是以沖積平原和沼澤地帶的風土為具體舞臺。

楔形文字文化

大約在西元前四千年，下美索不達米亞開始形成城市且急遽發展起來。尤其是在下美索不達米亞南部，出現了名為烏爾克的巨大城市；西元前三千兩百年左右，楔形文字的雛型就在這座城市中誕生。之後，楔形文字逐漸發展成一種可以表達示各種言語的文字系統，廣泛使用於以美索不達米亞為中心的古代西亞世界，成為建構當時社會和文化的「基礎」，直到西元一世紀左右被廢棄為止。要如何界定古代美索不達米亞文明的開始與終結，是個相當困難的問題，但近年來多半以楔形文字的發明與放棄，當成其文明的起點與終點。

楔形文字主要是記錄在以黏土做成板狀、再加以書寫的黏土板上。和羊皮紙與紙不同，黏土板是耐久性更強的媒體，特別是耐火。儘管人類歷史上曾經屢屢發生圖書館失火的悲劇，但黏土板文件在火災中反而會愈燒愈堅固。因此，即使經歷了數千年的時光，這些黏土板文件也未曾腐蝕，通常能在遺跡中發現大量保存完好的文檔。這些文檔是解明古代美索不達米亞歷史、社會、文化，乃至於思想的重要資料來源。

古代美索不達米亞是一個使用多種語言的多語言世界。在本章所關注的下美索不達米亞地區，約自西元前三千年至兩千年，採用了蘇美語（語系不明）與阿卡德語（閃語的一種）作為日常用語，形成了雙語併用的社會。蘇美語在西元兩千年左右退出了日常用語的行列，但其後仍作為學術與祭祀的語言持續使用，直到約西元前後，仍有以蘇美語著述的新作品出現。雖然這兩種語言在語系上完全無關，但可以視為互補的語言——當時稱之為「相對的言語」。因此，蘇美語和阿卡德語的雙語體系在當時是確立的。

以楔形文字記錄的蘇美語和阿卡德語的文件，從日常記錄到國王碑文，形形色色、不一而足，但從現代視角來看，有很多堪稱為宗教、文學、科學、咒術等的著作的黏土板抄本與轉抄本。這些文獻構成了古代美索不達米亞思想史的主要資訊來源。這些著作超越了時代、地區、言語、族群的壁壘傳承下來，以前述的雙語體系為支柱，形成一種學識的傳統。本章所介紹的古美索不達米亞的「世界與靈魂」，並不僅僅屬於「蘇美人」或「巴比倫人」，而是代表這種學術傳統中的思想。我們接下來也將簡要探討作為社會背景的這種學術傳統及其主要推動者。

眾神

古代美索不達米亞的思想與祀奉神明的宗教傳統密不可分；無論是世界的成立還是人的存在意義，都專門在與諸神的關係中加以討論。儘管古代美索不達米亞也有一些可以解釋為「神」的通用名詞，比如蘇美語中的「丁吉爾」（Dingir）和阿卡德語中的「埃爾」（Eli），但原則上他們的神明觀是多神教。

城市中必定設有神殿，裡面供奉著許多如恩利爾、馬爾杜克、伊絲塔等有著固定名諱、形象與神人相同的眾神。類似於日本的大型神社或佛閣，雖然神殿中供奉著多位神明，但其中一定有一位位階最高的神明作為該殿之主，並擔任這座城市的守護神。

除此之外的眾神，則包括了戰爭、智慧、性愛、農耕等社會文化領域的管轄者；他們或許也擁有天體、暴風、水等宇宙自然構成要素神格化後的特質，因此既是戰爭與農耕之神，也可能被稱為暴風之神，以此方式執掌其職務。例如，蘇美語中的「烏圖」（Utu）和阿卡德語中的「沙瑪什」（Shamash，兩者皆意指「太陽」）這位神祇，顧名思義是太陽的神格化，但他同時也負責法律和秩序——其中包括占卜——是眾神中的法官，並且是下美索不達米亞重要城市拉爾薩市和西帕爾市的守護神。

二、世界

創世神話

形成學識傳統的著作中，包括描述神話內容的敘事作品，大多數都是從創世的主題開始的。這些創世敘述通常從原初眾神的誕生開始，然後延續到次世代眾神的誕生，圍繞著這樣的神明譜系展開。雖然具體內容各具特色，但大致上都有一個共通點，那就是將原初視為一片未分化的混沌狀態，然後構成這種狀態的神靈透過性交方式陸續誕下諸神。

在介紹主要的創世神話時，首先要提及可以追溯到西元前三千五百年左右的天父神與地母神（蘇美語稱為「安」和「基」）的各種傳說。雖然這些傳說內容各式各樣，但總體來說，原初的天和地並未分離，後來透過天與地的性交，陸續產出次世代的眾神。隨後，次世代的神——大部分傳說中是眾神之王恩利爾——將天與地推開，創造了世界。

另一方面，在西元前一千多年左右完成的大作《埃努瑪・埃利什》（阿卡德語發音為「Enūma Eliš」，這是摘取下段引文首句「在上方還沒有命名為天……的時候」作為標題）的開端，則認為不是天與地，而是兩種水的交融誕生了眾神：

> 在上方之天尚未得其名、下方之地亦未得其稱謂之際，孕育它們的最初父親是阿普蘇（地

下水、淡水），產下彼等的母親則是創造者提亞瑪特（海、海水）。阿普蘇與提亞瑪特的水混合在一起，但此時尚未造出牧草地、蘆葦也未曾探出頭來；眾神尚未顯現，未有名號、也未有定數（西穆多）。就在這時，眾神從祂們之中被造出來了；拉赫穆與拉哈穆顯出身形，獲得名諱。當祂們被養育長大之前，又造了安沙爾與基沙爾，這兩尊神更勝於祂們（拉赫穆與拉哈穆）。（W.G. Lambert, *Babylonian Creation Myths*, Eisenbrauns, 2013, 50.I 1-12）

在這段史詩中，作為男性的淡水阿普蘇（Abzu）與女性的海水提亞瑪特（Tiamat），他們的「水混合在一起」，誕生了次世代的眾神。這種構思不禁令人聯想到位於下美索不達米亞南部的沼澤地帶的河川狀態。底格里斯河與幼發拉底河並未立即流入海中，而是相互匯流後形成延伸至海邊的沼地，河川的淡水與海洋的鹽水在此處相互混合。雖然《埃努瑪．埃利什》本身是在下美索不達米亞中部較北的巴比倫編纂而成，但它繼承了下美索不達米亞南部濕地的文化記憶，成為美索不達米亞文明「故地」的象徵。

《埃努瑪．埃利什》的故事接著描述了年長的神與年輕的神之間爆發的戰爭；巴比倫的年輕守護神馬爾杜克（Marduk）征討了原初的海洋女神提亞瑪特，並因此即位為眾神之王。這位新王馬爾杜克在擊殺提亞瑪特後，利用她的遺體創造了世界的各個細部：

〔馬爾杜克將提亞瑪特〕像是魚乾般從中間一剖為二，用它的半邊來覆蓋蒼穹。他把皮剝下來，配置了監視者，命令他們不要讓她的水流失。（Lambert, *ibid*., 94, IV 137-140）

提亞瑪特是原初的海洋。馬爾杜克將原初的海洋像剖魚般一分為二，用它的一半做成了天空。接著馬爾杜克又在天空中製造了天體，更透過天體的運行，定下明白清楚的年月：

他為偉大眾神建造了居所，用星星構成近似眾神姿態的星座。他分割年歲、劃定界線；在十二個月中，每個月份別立起三顆星星。（Lambert, *ibid*., 98, V 1-4）。

他在〔提亞瑪特的〕腹中放置了天頂，在那裡讓月亮顯現，將夜晚託付給它。為了明示〔一個月中的〕日期，他把「夜晚的寶石」分給了〔月亮〕。為了獎勵月亮的每月無休，他贈與〔月亮〕王冠表示讚許：「當月初照耀國土之際，為了明示日期的呼喚，你〔月亮〕要以兩角的形式閃耀光芒。七天的時候，王冠會變成一半，每個月過半的十五號那天，則會相對而立。」（Lambert, *ibid*., 98, V 11-18）

接著，馬爾杜克又創造了雨、風、雲等氣候現象，並用提亞瑪特遺體剩下的一半創造了大地，包括底格里斯河、幼發拉底河和遠方的山脈等。這個世界全都是用原初女神的遺體創造而成。

此外，前面引用的《埃努瑪．埃利什》開頭部分與《舊約聖經》〈創世紀〉第一章中有關天地創造的記述極為相似，這一點廣為人知。由於它們在語彙上甚至有共通性，因此兩者之間毫無疑問地存在某種實質的繼承關係（參見本書第三章）。雖然征服耶路撒冷的巴比倫王尼布甲尼撒二世（在位期間西元前六〇四—五六二）將猶太人囚禁於巴比倫，但根據近年發現的楔形文字文件的詳細記載，猶太人在巴比倫過著與他人無異的生活。《舊約聖經》〈但以理書〉第一章第四節中提到一段插曲：猶太王選定同族的菁英，「命令他們學習迦勒底人的文字與言語」。正如這段插曲所示，猶太人的知識階層很可能在當地實際學習了楔形文字以及蘇美語和阿卡德語。

《埃努瑪．埃利什》直到西元前五百年左右都是美索不達米亞神學中最具影響力的聖典，流傳甚廣；因此，猶太人知識菁英習得《埃努瑪．埃利什》的可能性相當高。然而，〈創世紀〉的天地創造並非僅僅是對《埃努瑪．埃利什》的單純複製，這一點也是事實。因此，我們可以說，它是以《埃努瑪．埃利什》的文本為素材來活用，並誕生出完全不同的革新思想。

時間與歷史

在敘述馬爾杜克用提亞瑪特遺體創造天地的《埃努瑪．埃利什》一節中，也包含了宇宙天體的設置。正如前面引文所示，在這段神話中，天體是作為記錄時間的指標而被創造出來；換句話說，馬爾杜克將時間的確定視為創世的一部分。

如同這則神話所示，古代美索不達米亞的日、月、年是以蒼穹下閃耀的天體運動為基礎來計數的；與隨後的猶太和基督教傳統相似，他們以日落作為一天的開始，並以日落後夜空中出現的新月作為每月的開端。每個月的期間以月齡來判定，大約是二十九日或三十日。如果抬頭仰望夜空，可以透過皎潔的月亮盈虧，用肉眼確定當前是月中的哪一天。相較於透過視覺觀察太陽和月亮來判定日和月，年的情況則稍微複雜一些。與季節變遷相關的太陽年，自西元前三千年以來，便會透過黎明前從地平線升起的特定恆星來確認，並以春分（隨時代和地區不同，有時也會是秋分）時刻作為一年的開始。然而，因為月份是以月亮的盈虧來判定，合計的十二個月並不足以填滿太陽年，因此會定期設置閏月來調整曆法。

透過夜空中天體規律的反覆運動，古代美索不達米亞記錄了時間。然而，時間絕不是以單純循環的方式來表現；相反地，時間——特別是累積的年份——是以歷時性的方式來表示。根據楔形文字文件，各年稱呼全是依據不同時代和地區的王權而定；這些稱呼除了使用國王的統治年份外，還會根據上一年發生的大事件來賦予該年某個特定名號（年名）；或是用每年交替、由特定人物擔任的類似「年男」[1]（阿卡德語稱為「riem」）來命名。不論使用哪種系統，過去的年度都會記錄在歷時性的一覽表中，並將各年發生的事件以備忘錄的形式附記。正是在這樣的過程中，編年史的歷史敘述方式得以發展。

在先前介紹的神話中，創世紀被定位為這種時間與歷史的始源。時間將抵達何種終點，並沒有樂觀或悲觀的假設。儘管如上所述，古代美索不達米亞對時間的掌握無疑是透過歷時性的方式進行，但在他們的思維中，並不是將時間視為一條從始源朝向特定方向前進的線性過程。相反地，在蘇美語和阿卡德語中，關於時間的表現呈現出一種「倒退」的時間與歷史觀。在這兩種語言中，過去的概念常用帶有「前（面）」或「臉」意義的詞彙來表示，而未來則是用帶有「後面」或「背面」意義的詞彙來描述。

世界的秩序——名稱與定數

先前引用的《埃努瑪．埃利什》開頭篇章中有一個值得注意的地方，那就是「稱其名」這一表述頻繁出現。當第二世代的神明拉赫穆與拉哈穆誕生時，他們不僅是「顯出身形」——即單純出現，還「獲得名稱」，也就是被賦予了名字。不僅如此，對於「上方之天尚未得

1　譯註：年男或年女，指的是正值本命年的男女。日本的傳統紀年採用天干地支，若當年正好與出生年的十二支相同，就是所謂的本命年（十二年一輪迴）。年男和年女在本命年的計算上並無差異，只是年男由來更久。日本傳統認為「年男」「年女」會在當年受到「年神」的特殊庇護，相較於其他人會有好運。

其名、下方之地亦未得其稱謂」的狀態，表達了尚未創造出來、什麼都不存在的情況，以「未得其名」來描述。在這裡，明示了一種理解，即「事物必須被賦予名稱，才能算是存在」。這與《舊約聖經》的創世觀存在共通之處。例如，直譯為「一切名稱」的短語「minma shumashu」，是表達「一切事物、萬物」的最常用方式。換言之，無論是一般名詞還是專有名詞，「名稱」並非僅僅是事物的稱呼，而是與事物的存在密不可分，甚至可以說就是事物存在的本質。

就像前引的《埃努瑪．埃利什》開頭句所示，在這種意義下，賦予名稱與創造行為一同被記錄。在引文中被稱為「西穆多」的，正是定數。西穆多是阿卡德語的詞彙，通常以複數形式（西瑪多）出現。它的意義直譯可以為「被決定之事／物」。西穆多與蘇美語的「納姆」（nam）相當；關於納姆的語源有許多說法，例如有人推測它來自於代表「某種事物」的「阿納．梅」這個詞。納姆也可以作為創造抽象名詞的要素——比如在納姆後面加上意味著「王」的「魯格爾」（lugal），就可以形成「納姆．魯格爾」（王權）這樣的詞彙。因此，以下將採用接近西穆多原意的「定數」這個譯語。

所謂「定數」，簡單來說就是事物的「樣態」，或「應有的姿態與形貌」。當時的人認為，無論是天體的運行、山河的形成，還是包括各種動植物的自然現象，以及國家、城市、王權、個人生活與工作等社會文化事項，這個世界的所有事物都有其被安排分配的定數，並依照這樣的法則運行與活動。神話中所謂的「未有定數」的狀況，指的是世界創造之前的狀態。這一決定由眾神裁定，而確定的過程則透過眾神議會的決策和判決來表現。然而，裁決的眾神仍無法超越定數，連眾神的存在本身也必須服從於定數。

在古代美索不達米亞的世界觀中，「定數」是決定世界運行最重要的因素。然而，它的宿命論性質並沒有那麼強；最重要的是，在古代美索不達米亞，「定數」是可以改變的。在美索不達米亞的學識傳統中，各種占卜技法十分發達，但這些技法的根本目的，都是為了闡明眾神所定下的定數。

問題在於，如果占卜的結果並不令人滿意，也就是說，神明所決定的定數不是當事人或國家所期盼的結果，那該怎麼辦？似乎沒有那種心態去心甘情願地接受不幸的未來！因此，在學識傳統中，開發出了顛覆神明決定的技法；在蘇美語中，這種技法稱為納姆．普爾．比（意為「解決之道」）。這種技法的核心是透過上訴的形式，對眾神的判決表達不服之意；在大部分情況下，這種訴訟都是對眾神的法官沙瑪什提起的。對於不當的裁定，也可能透過重審的方式予以撤回。

眾神的意志與不可知論

蘇美人一方面不斷研究與實踐，以弄清世界各種大小事物背後的神意定數，另一方面卻也對這樣的舉動抱有疑問。在他們的論述中，會質疑占卜的有效性，並持有某種不可知論的觀點，認為眾神的意志究竟並非人類所能察知。例如，在對眾神之王恩利爾的讚美歌中，就有一段文字明言恩利爾的「話語」的不可知性：

> 就算他的話語被帶到占卜師處〔進行解釋〕，占卜師說出口的會是謊言；就算他的話語被帶到解夢師處〔進行解釋〕，解夢師說出口的還是謊言。（中略）他的言語就像被封閉在啤酒釀酒壺中般，沒人能得知箇中的內容。（M.E.cohen, *The Canonical Lamentations of Ancient Mesopotamia*, Capital Decisions Limited, 1988, 125f. II, 35-41）

在《舊約聖經》中，包含質疑全能之神所創世界的不合理的智慧文學，如〈約伯記〉；而在楔形文字文獻中，也有多篇與聖經中類似的智慧文學作品——這些作品無疑不僅是表面相似，而是存在著相互影響的關係。與聖經傳統不同，古代美索不達米亞並沒有「神明必然無謬且純善」的認知，但存在於這個世界的不合理性，對於美索不達米亞的學識傳統來說，同樣是一個重要問題。在美索不達米亞的智慧文學中，「人無法得知眾神意圖」的不可知論也是核心主題之一。不僅如此，作品中還出現了對占卜以及「咒術」等技法有效性提出質疑的情節。因此可以看出，儘管占卜和各式各樣的「咒術」技法在古代美索不達米亞的學識傳統中是主流，但對於這種主流的世界理解，民眾仍持有一定的懷疑態度。

三、靈魂

造人神話

在學識傳統中被繼承下來的各類神話文學作品裡，頻繁出現關於「創造人類」的段落。在大多數情況下，這類傳說的解釋是：因為下級神明苦於沉重的賦役而提出請願，於是為了代替眾神來進行勞動，並確保眾神的衣食居住無虞，人類便被創造出來。關於人類誕生的方式，有幾種不同的說法。例如，眾神之王恩利爾在稱為「育肉（之所）」的地方，用土磚做成模型，將最初的人放置在其中，然後割開大地，於是人類誕生了（這一情節出自於《鶴嘴贊歌》的一節）。土磚是當時最普遍的建築材料；這個神話以土磚的製造來比擬人類的誕生。

在造人神話中，最常見的類型是由掌管「創造」的年長女神用黏土等材料創造出人類。有些神話提到，在作為材料的黏土中混合了神的血肉。例如，描述襲擊太古人類的大洪水的神話——史詩《阿特拉哈西斯》（*Atrachasis*）。阿特拉哈西斯意指「智慧卓越」，也是對大洪水中倖存賢人的稱呼；順便提及，《吉爾伽美什史詩》中為追求永恆生命而抵達大地盡頭的吉爾伽美什所遇見的賢者，正是這位阿特拉哈西斯。《阿特拉哈西斯》描述了眾神為了調整過度增長的人口，進行了各式各樣的嘗試（多半是任性的），而大洪水則成為最終的「解決方法」。這類故事通常從人類被創造的過程開始敘述；雖然《阿特拉哈西斯敘事詩》的故事架構也與許多神話相似，起因於下級神明因為賦役而不滿，但它提到一位名為阿維·伊拉（根據不同版本也有寫成阿拉）的神明帶頭，率領下級眾神對統治階層的眾神發起叛亂。儘管叛亂最終被鎮壓，但察覺事態嚴重的統治階層眾神將叛亂的領袖阿維·伊拉處死，並將他的血肉混入黏土中以創造人類。透過對人類課以賦役，下級眾神得以從勞動中獲得解放。

> 阿維·伊拉，擁有知性（蒂姆）者，在他們〔眾神〕的集會中遭到了殺害。（創造女神）寧圖，將〔阿維·伊拉的〕肉體與血和黏土混和在一起。為了使將來的他們都能聽到心臟的跳動，從神的肉體裡留下了靈魂（艾丁姆）；故此，生者得以察知其徵，而靈魂的殘留亦不被忘卻。
> （W.G. Lambert and A.R. Millard, *Atra-ḫasis: The Babylonia Story of the Flood*, Clarendon Press, 1969, 58, II, 223-230）

按照這則神話，為神勞動的人類並不僅僅是黏土雕刻出來的玩意。在黏土中混合了反叛神明的血肉，而神的靈魂也殘留在人之中，心臟的跳動就是證據。此外，這一節也可以透過語彙的類似性來賦予神話更大的說服力。阿卡德語中用來指涉「人」的一般名詞是「阿威爾」（awelu），而在這則神話的解釋中，透過名叫阿維·伊拉之神的蒂姆（Temu，知性），將艾丁姆

（Etemmu，靈魂）留給了阿威爾即「人」。事實上，雖然蒂姆與艾丁姆、阿維．伊拉與阿威爾的語源不同，但編纂的學者似乎在相似的發音中找出了隱含的意義。

死亡與靈魂

與後面敘述的古埃及對靈魂與死亡的複雜解釋截然不同，古代美索不達米亞的思想在這方面仍然停留在相當素樸的理解上。前面翻譯為「靈魂」的阿卡德語「艾丁姆」（Etemmu），在其他脈絡中大致指的是「人死後的樣子」，而神話中也有神死後的艾丁姆出現。換句話說，人的「肉體」（阿卡德語稱為祖穆爾，zumul）死去後，會變成「遺體」（阿卡德語稱為帕古爾，pagru），同時死去的人則會成為艾丁姆。在前述的《阿特拉哈西斯》史詩中，雖然可以解釋為「被殺害的神的艾丁姆變成了人的生命力」，但從其他脈絡來看，艾丁姆並不帶有生命（力）的含義——這與希臘語的「psyche」，或埃及語的「巴」和「卡」有所不同。「生命」在阿卡德語中則用巴拉多（相當於蘇美語的迪．拉）表示，或按照字面意思，使用表示「呼吸」的納皮修多（相當於蘇美語的吉）等其他詞彙。換句話說，艾丁姆僅僅是指「死靈」或「亡靈」的意義而已。

蘇美人認為死者的靈魂會前往冥界。關於靈魂與冥界的觀念，我們在許多神話與禮儀的文獻中都可以找到相關記載。古代美索不達米亞的冥界觀並沒有天國和地獄的區別，所有靈魂都會一起踏上冥界之旅。冥界一般被認為位於地下，有時被稱為「不歸之國」（蘇美語稱為庫魯努基），並且與陽世之間的往來並不容易，入口處有堅固的大門加以守衛。描述冥界樣貌的文獻中提到，那裡是個「陰暗、乾枯、缺少食物的世界」。

沒有死後的審判，等待著靈魂的冥界「生活」與生前的善行或惡行完全沒有關係；相反地，死亡的方式以及是否有供養靈魂的子孫才是影響靈魂在冥界生活的重大因素。例如，在與英雄吉爾伽美什有關的傳說中，有一篇提到吉爾伽美什的友人恩奇都潛入冥界並設法回到陽世的故事。在這篇故事中，吉爾伽美什詢問回來的恩奇都，各式各樣的靈魂在冥界裡過著怎樣的日子？「整體來說，多子多孫的靈魂過的日子會比較好，而缺乏子孫的靈魂不論男女都會遭到冷落。」恩奇都如此答道。「那麼死法不同的靈魂，他們旅程的終點又是如何呢？」吉爾伽美什繼續問道——

「你有看見得享天壽者（按照字面寫法，是「因神〔裁決〕而獲得死亡者」）嗎？」「有看見。他睡在眾神的臥鋪上，喝著清澈的泉水。」「你有看見在戰爭中遭殺害者嗎？」「有看見。他的父母彰顯著對他的懷念（按照字面寫法，是「高舉著他的頭」），他的妻子為他而哭泣。」「你有看見遺體被棄置在荒野者嗎？」「有看見。他的靈魂在冥界之中片刻不得歇息。」「你有看見靈魂無人供養者嗎？」「有看見。他搶食那些從盤子中被刮下來的殘餘、丟在路邊的麵包屑。」（A.R. George, *The Babylonian Gilgamesh Epic: Introduction, Critical Edition and Cuneiform Texts*, Oxford University Press, 2003, 734, ll. 146-153）

在這段問答中，特別值得注意的是「無人供養者」的靈魂；這指的是沒有子孫，也沒有任何人供養的靈魂。根據這段問答，這樣的靈魂會因飢餓而苦惱，不得不自己設法尋求僅有的些許糧食。這類關於靈魂在冥界生活的敘述，實際上是透過神話來闡述在古代美索不達米亞社會中被視為普遍慣例的祖先供養之必要性。儘管因時代、地區和社會階層的不同而在型態上存在些許差異，古代美索不達米亞的人們，無論是王族還是庶民，都會定期供養祖先。阿卡德語稱為「基斯普」（kispu）的祖先供養，主要內容是提供飲食；靈魂在冥界能否過著安逸的生活，全憑子孫的供養來決定。因此，在吉爾伽美什與恩奇都的問答中，多子多孫的靈魂在冥界過著最為享受的生活。

無法得到充分供養的靈魂有時也會以「鬼魅」的形態出現於陽世。在許多文獻中，都記載了降伏這些擾亂生者的靈魂的技法。在這些技法書中，對祖靈（家族之靈）和徬徨的幽靈（旁人之靈）的處理方式存在很大不同。如果靈魂被判斷為祖靈，就需要慎重地供養；而如果是徬徨的幽靈，則必須透過向神請願等方式將其驅逐。此外，在技法書中也有指示如何召喚祖靈，並給予特別的供養，以請求祖靈守護自己，免受幽靈的侵擾。由此可見，祖靈不僅僅是受到子孫的供養，在某種程度上也能夠保護子孫。

四、學識傳統與學者

古代美索不達米亞關於世界與靈魂的思想，是由誰所創造傳承的？

以上簡潔介紹的有關「世界與靈魂」的記錄，正如一開始所言，源自於古代美索不達米亞繼承下來的著作。這些著作跨越時代和地區被傳承下來，形成了一種學識傳統。這項傳統的主要推手是阿卡德語中稱為「溫瑪努」（ummanu，意指學者）的學者們。從古代美索不達米亞的遺跡中，可以發現許多由這些學者所抄寫的各式著作的黏土板抄本；正是這些抄本，使本章介紹的著作得以復原。

關於世界和人類創造的神話根源，我們可以推測其源自民間，並經由口頭的素樸傳承而來。然而，我們必須注意到，從黏土板抄本中得知的著作並不是這些傳說本身。學者們將素樸的傳說內容作為材料，撰寫成宏大的故事，進而編纂並將其體系化。關於世界與靈魂的理解，都是在追求一定邏輯整合性的基礎上變得更為洗鍊。因此，本章所介紹的思想可以視為當時學者的論述。

古代美索不達米亞的學者及其思想

那麼，肩負起這種思想的學者是怎樣一群人，而這種思想又是在什麼樣的脈絡下得以生成的呢？從有關學者留下的各種記錄中，可以清楚得知他們的活動情況以及在社會中的地位。根據這些記錄，學者多半任職於王宮和神殿，他們一方面在王宮中為國家的宗教政策提出建議，並製作國王的碑文；另一方面在神殿中負責神學和祭祀傳統的繼承。此外，學者之間還會進行跨越都市、地區甚至國界的交流，形成一個學者之間的網絡。代代擔任亞述王顧問的賈比・伊拉尼・艾雷修家族，就是以學者名門而廣為人知。他們不僅被動地書寫著作，還參與著作的編纂，或撰寫註釋書等參考讀物。古代美索不達米亞的書記教育課程大致可分為初等教育和高等教育兩級。相比於僅從事編纂實務文件、只修完初等教育的書記，想成為學者的年輕人則會進一步接受高等教育。簡而言之，他們接受當時最尖端的教育，成為當時知識的先驅者，稱之為「知識分子」。

學者不僅進行著作的蒐集、書寫與編纂，還從事學識的實踐。其中的範圍，包括後來被希臘等地中海世界繼承並成為天文學和數學基礎的天體觀察，以及以今日角度來看堪稱為「咒術」的驅除惡靈、解除詛咒等技法。事實上，今天的讀者仍在閱讀並深感共鳴的《吉爾伽美什史詩》等文學作品，在他們的傳統中不過是周邊事物；對他們來說，眾神的讚美歌與占卜和「咒術」技法才是傳統的核心。這些技法大多用來解決當前的苦難，或是避免將來的不幸，具有實利的企圖。

在技法的開發與革新過程中，學者們試著解明世界的成立，並將原本在生活中傳承下來的素樸世界觀與人類觀逐步洗鍊。思想的體系化並不僅僅出於純粹的「學術」動機，還帶有活用這些知識的意圖，從世界的根本成立來論證特定國家的正統性，顯示出政治的目的。後來被希臘繼承的天文學與數學法則的發現，也是這種嘗試的成果之一。至於智慧文學類的作品，則或許帶有對從事技法開發並變得驕傲自滿的人的批判性質。本章所介紹的關於世界與靈魂的思想，正是在當時學者對知識進行探究與嘗試的過程中產生的。

關於這些學者繼承下來的著作，我們對其作者的資訊相當有限。雖然各個抄本的後面多半會寫下編纂者的名字，但作品的執筆者在大部分情況下都是匿名的。確實，在西元前七世紀的亞述巴尼拔（Ashurbanipal）圖書館中發現了一份著作的「作者」一覽表，其中列出了諸如《吉爾伽美什史詩》的「作者」辛・雷基・烏尼尼（Sîn-lēqi-unninni）等數百年前實際存在的大學者名字，但這些「作者」是否真的符合現代意義上的作者，或只是編纂者，仍然存在意見分歧。不僅如此，作為學識傳統核心的讚美歌等作品，所認定的「作者」都是知識之神伊亞（Ea）本人。換言之，他們認為這些著作不是經由人手執筆而成，而是源自伊亞本身。

學識傳統的黃昏

即使到了亞歷山大大帝東征後的希臘化時期，在巴比倫和烏魯克等古都中，學者們仍在各都市的神殿共同體內持續活動。直到西元前一千年末期，雖然神殿共同體的外部已不再使用楔形文字，但神殿內的學者仍然撰寫了大量包含蘇美語文獻在內的古老著作，並每日精密地觀察天體，將記錄用楔形文字寫在黏土板上。在希臘化時期，這些美索不達米亞的學者多次被希臘語文獻稱為「迦勒底人」。

直到西元一世紀為止，仍然可以發現有確定年代的楔形文字文件，但在此之後，便沒有明確的史料可追溯這些學者共同體的命運，古代美索不達米亞的傳統似乎就此斷絕。然而，在猶太教與希臘語文獻中，我們仍可發現古代美索不達米亞學者的知識「遺產」。因此，我們可以充分推測，這些後來成為西亞與東地中海主流知識傳統推手的人們，很有可能曾與古代美索不達米亞的學者進行知識的交流，並習得他們的學識。

五、古埃及的世界與靈魂

美索不達米亞之外

古代西亞世界的思想並不僅僅限於上述簡單介紹的美索不達米亞思想。舉例來說，在安那托利亞（現在的土耳其）發現了用楔形文字記載的胡里安語與西臺語文件，在伊朗也發現了同樣用楔形文字記載的埃蘭語文獻；這些文獻各自承載著當地知識傳統，孕育出獨特的思想。然而，由於這些文獻採用楔形文字記載，因此隨著楔形文字的使用，從美索不達米亞中心發展起來的知識傳統也對當地的傳統產生了相當大的影響。因此可以說，儘管各自文化有其獨特性，但使用楔形文字的文化圈在某種程度上共享了下美索不達米亞的知識傳統。這或許可以與東亞漢字文化圈中中國思想的影響作一比較。

在這樣的古代西亞世界中，構建起完全獨有的思想的是在尼羅河流域發展起來的古埃及文明傳統。在楔形文字原型發明不久後的西元前三千年左右，埃及也發明了另一套文字系統，即埃及文字；這種文字被廣泛應用於各類文獻中，持續使用了約三千年之久。

古埃及的世界秩序——瑪亞特

從這些文獻中可以清楚看出，古埃及的思想與美索不達米亞之間存在著相當大的歧異。古埃及擁有自己獨特的神明體系和世界觀，其中在世界理解方面，包含天意與秩序、以及真實與規範等概念的瑪亞特（Ma'at）特別值得一提。瑪亞特是體現正義與真實的女神，通常以頭上插著鴕鳥羽毛的女性形象呈現，但她同時也代表了「創世瞬間出現的世界秩序」這一抽象概念。瑪亞特與美索不達米亞的西穆多有些類似，但她還掌管了天體運行等世界一切活動，為眾神與人類的關係定下秩序。她進一步為人類應遵從的倫理制定規範，並為後面提到的死後審判建立判斷基準。實現瑪亞特的理念，被視為埃及王（法老）的責任與義務。

古埃及的靈魂——巴與卡

古埃及思想對人類靈魂的理解同樣引人入勝。與前述的古代美索不達米亞樸素的「艾丁姆」觀不同，古埃及在這方面的觀念發展得更加複雜。雖然隨著時代變遷而有所變化，但簡單總結來看，古埃及的理解中，人除了肉體外，還包括名字、影子以及難以翻譯的概念——「巴」（Ba）和「卡」（Ka），總計五個要素。「巴」內含一個人除了肉體以外的所有特徵，換句話說，就是接近「人格」；而「卡」則是出生時展現出的一種生命力。「巴」在文字中以具有人頭與雙臂的鳥形來表現，「卡」則以兩臂彎曲的直立型態表示。如後所述，巴是自由飛翔的鳥形，而卡則因為是生命力的泉源，因此以肌肉壯實的兩臂形象來表現。順便一提，巴在古代末期被希臘語翻譯為psyche。雖然這個翻譯只表現了巴的其中一個面向，但巴被翻譯為psyche的事實，在思想的傳承上具有深遠的意義。

這些人的構成要素在死亡問題上發揮著相當重要的作用。首先，人的死亡被視為生命力「卡」離開肉體的結果。然而，卡在肉體死後仍會持續存在，為了維持卡的存在，需提供與生前相同的食物。另一方面，由於卡需要肉體作為寄宿場所，因此遺體必須製成木乃伊以加以保存。死後，巴也會繼續存在。人死後，巴在白天會在世上徘徊，晚上則會回到墓中，與死者木乃伊化的肉體結合，使肉體得以持續存在。

另一方面，死者被期待在來世能夠復活，他們在來世的姿態被稱為「阿克」（Akh）。要成為阿克，死者必須讓「卡」和肉體一起踏上來世的旅程，但顯然死者的肉體無法做到這一點，因此由「巴」代為踏上旅途。如果「卡」和「巴」能夠無事合體，死者就能成為阿克，永遠存活下去。然而，為了成為阿克，死者必須在司掌冥界之神歐西里斯及埃及全境的四十二尊神明面前接受死後的審判。死者必須告白自己在生前無罪清白，即進行一種「罪的否定告白」，然後在秤上將自己的心臟重量與前述的瑪亞特——通常以女神瑪亞特的形象或象徵她一部分的鴕鳥羽毛形狀——比較與測量。如果心臟和瑪亞特能夠保持平衡，這就證明了死者的清白無罪，並將由眾神的書記官托特神向眾神報告。聽取報告後，若眾神認為死者無罪，死者便能平安無事地成為阿克。這種死後審判也是埃及倫理觀的根源。

本文中所引用的蘇美與阿卡德語文獻全都是筆者根據原文的試譯。中括號表示針對原文沒有的語句的補充（但要注意，不是修補破損部分），小括號則是表示針對原文或為了解釋而換了一種說法。

延伸閱讀

月本昭男，《古代美索不達米亞的神話與儀式》（岩波書店，二〇一〇年）——這是一部關於古代美索不達米亞的宗教文化，相當優質的論著。

蒲德侯（Jean Bottéro），松島英子譯，《美索不達米亞：文字、理性、眾神》（*Mésopotamie: l'écriture, la raison et les dieux*，法政大學出版局，二〇〇九年，原著出版於一九八七年）——作者是二十世紀下半葉活躍的重要楔形文字學者之一。本書是系統論述古代美索不達米亞文化史與思想史相關課題的相當優秀的入門書，譯筆也十分出色。只是其基督教、西歐中心主義的視角過於強烈，這是令人難以苟同之處。

切爾尼（Jaroslav Cerny），吉成薰、吉成美登里譯，《埃及眾神》（*Ancient Egyptian Religion*，六興出版，一九八八年，原著出版於一九五二年）——古代埃及宗教史的基礎入門書。雖然有點舊，但至今仍是標準書籍之一。

戴維（Rosalie David），近藤二郎譯，《古代埃及人：眾神與生活》（*A guide to religious ritual at Abydos*，筑摩書房，一九八六年，原著出版於一九八一年）——同樣是有關古代埃及宗教史的優秀入門書。

專欄一　人類世的哲學　篠原雅武

「人類世」（Anthropocene）指的是一個時代：在這個時代，人類活動的影響力已經上升到足以與自然界的各種力量相匹敵，並能使地球的條件本身產生變化。比如，二氧化碳的排放、高速公路與水壩的建設，以及填海造陸所產生的人造物的累積，這些都使得溫和且穩定的「全新世」（Holocene）時代畫下了句點，取而代之的是氣候變暖、異常氣象、乾旱和海平面上升等問題。

因此，人類世不僅僅是地球因人類之手而改變的結果，而且出現了「被改變的地球動搖了人類存在的條件」這樣的狀況。這根本上動搖了「人類」與「世界」等概念本身，這些概念是人類用來思考及作為思考前提的基本設定。這不僅使言語和行為具意義的先驗場域陷入不穩定，也因為遠離了人類的意識和言語，產生了一種不確定性。如何思考這種不穩定與不確定，成為了哲學上的重要課題。

雖然人類世這一學說最初由自然科學提出，但在哲學界也引發了熱烈的討論，尤其是查克拉巴提（Dipesh Chakrabarty）在二〇〇九年發表的論文〈歷史的氣候〉（*The Climate of History*）最具代表性。這篇論文提出了時空設定的問題，並要求對其重新思考。一方面，生態危機對人類未來的生存投下了不安的陰影，使得從過去到現在甚至未來的時間感漸漸變得稀薄。

另一方面，完新世的終結也促使人類意識到自己仍然存在於地質學的時間中。我們被一種超越人類尺度的時空（深層時空）所環繞與支撐，必須理解自己生存的場所。查克拉巴提在二〇一八年的論著〈人類世的時間〉（*Anthropocene Time*）中提倡，應徹底排除以人類為尺度的時空架構，重新思考人類存在的條件，放在應有的非人類時空中。

作為誕生、繁榮，然後消失的眾多存在之一，人類在與其他存在的關聯中而存在。這樣的認知不僅是「即使人類消失，世界依然存在」，更是「人類以外的存在依然會持續，並會產生嶄新的變化」。在這個不管人類是否存在都會繼續存在的世界中，思考「人類仍然存活著」的問題時，更應該追問：「在人類依然存活的情況下，究竟什麼是最重要的事？」

CHAPTER

three

第三章
舊約聖經和猶太教中的世界與靈魂

高井啓介

旧約聖書とユダヤ教における世界と魂

一、舊約聖經與「哲學」

舊約聖經是什麼？

將三十九卷書籍以希伯來語〔部分為亞蘭語（Aramaic）〕記述並編纂成舊約聖經的人們，主要居住在以現今以色列為核心的地區。這些人，即古代以色列人，主要在這片地區分裂為北國以色列和南國猶大的時代（西元前十一至西元前六世紀）編纂了這些書籍。在這三十九卷書籍中，有些是在經歷了北國滅亡、人民被亞述擄走，尤其是南國猶大滅亡、人民被囚禁於巴比倫等事件後編纂而成的，也有些是在巴比倫的囚禁生活、當地的定居生活，以及後來回歸巴勒斯坦的時期（西元前五至西元前三世紀）編纂的。猶太教這一宗教，在保持與古代以色列人及猶太人宗教連續性的同時，主要由居住在巴比倫及巴勒斯坦地區的人們——即直面被擄與從囚禁中解放的新現實的人們，後來被稱為「猶太人」的，尤其是繼承了猶大王國遺產的那些人——所形成的。

說到「舊約聖經」的名稱，它源於基督教將自己的聖典稱為「定下新契約之書」，也就是「新約聖經」，因此猶太教的聖經就被稱為「舊的契約」，也就是舊約。然而，猶太教本身當然不會稱自己的聖典為「舊約」。他們的聖典由三個部分構成，分別是律法（Torah）、預言（Nebiim）、以及諸書（Khetubim），取其開頭的三個字母加上母音，稱為「塔納赫」

（TaNaKh），或者單純稱為Miqra（應讀之物）。當我們提及希臘化時期的猶太教時，不可忽略在當時有著眾多猶太教徒的埃及亞歷山卓翻譯完成的希臘語聖經，被後世稱為「七十士譯本」（Septuaginta）。這部希臘語的舊約聖經與希伯來語聖經本文被視為具有同等權威的聖典。在七十士譯本中，還包含未被收入希伯來語聖經本文、但被基督教稱為「次經」（Apocrypha）的作品，例如〈馬加比書〉和〈所羅門智訓〉等。要研究希臘化時期的猶太教思想，往往需要依據七十士譯本中的這些文獻。至於希臘化時期以後的中世紀猶太教，則會在另外的章節中討論。

舊約聖經與「哲學」

如果把「哲學」看成是「philosophia」的話，那是古希臘誕生的概念、古希臘人所進行的思想活動，因此古代以色列是不存在這種事物的。但是，如果把對「始源」的質問也包含進「哲學」的話，那麼古代的以色列人毫無疑問也有對自己的存在及周遭種種事物與事態，就其始源進行思考及深入探究。他們對始源並不是作為構成其本質的原理問題來探究的；在他們心中始終意識到與「神」（God）這個超越性存在之間的聯繫，並以講述故事（神話、傳說）的形式來進行始源的探究。

古代以色列人和猶太人生活在古西亞地區的一隅，經常接觸美索不達米亞與埃及這兩大文明，並受到其影響。同時，他們創造了一套關於世界與人類的獨特思想。他們絕不是無中生有；埃及被他們視為祖先身為奴隸時期的居住地，並且在脫離這個文明的過程中（即出埃及）確立了自己的族群認同，與埃及的世界觀和人類觀對比。隨後，以色列人在與埃及的接觸中吸收了「教誨」、「對話」和「格言」等文學形式和內容，並將其運用於舊約聖經的創作過程中。

在希臘化時代，如前所述，亞歷山卓的猶太社群將舊約聖經翻譯成希臘語，誕生了七十士譯本。至於美索不達米亞的影響，最重要的當然是西元前六世紀以後的「巴比倫之囚」（Babylonian captivity）過程中的直接接觸。本章所論及的舊約聖經中有關世界和人類的思想，許多都是在囚禁期間接觸巴比倫的世界觀和人類觀所受到的刺激下產生的。以色列人在受到巴比倫影響的同時，運用自己獨特的語彙和概念來表達。然而，更重要的是，以色列人在出埃及後定居於迦南（如今的以色列與巴勒斯坦地區），在受到當地原有宗教觀和自然觀的影響下，選擇了與之對峙的道路。

舊約聖經不僅單方面受到其所處世界的影響，還對周圍文化產生了各式各樣的影響。〈創世紀〉中的核心人物亞伯拉罕，既是以色列人和猶太人的祖先，也因其子以實瑪利（伊斯瑪儀）的存在，被定位為阿拉伯人的祖先。西元七世紀以後，發展起來的伊斯蘭教徒認為自己與猶太教徒和基督教徒同樣屬於聖書之民，他們意識到自己的祖先是亞伯拉罕，並將自己的起源與舊約聖經連結起來，從中繼承了其世界觀和人類觀。

二、世界的創造與秩序

作為被造物的世界

本章基於以上的前提，試著提出以下問題：留下舊約聖經這部由多卷組成的經典的人們，對自己所處的世界究竟做出了什麼理解？在這些作品中，又是如何展現他們對世界的理解？更進一步，他們是用什麼方式來描述在這個世界上生存的人們，尤其是「靈魂」的呢？

如果從舊約聖經中探尋這個答案，我們應當先從〈創世紀〉這篇置於全書開頭的關於世界創造的故事來著手。創造天地的故事在舊約聖經中被放在歷史之前，也就是原初史部分（一至十一章）的開頭，是一篇具有神話色彩的敘述。自然科學對於世界的形成有其相應的解釋；然而，聖經的創造故事不僅解釋了世界的成立，同時也對「世界實際上具有怎樣的意義」作出了回答。聖經設定了世界之外還有「神」，如果從這個前提來思考，我們可以得知這段創世故事在說明「神」是以什麼方式與世界產生關聯，並探討祂與世界的關係具有怎樣的意義。

〈創世紀〉第一章第一節這樣寫著：

起初，神創造天地。

世界並非自動產生，也不是那種自然而然形成的「自然」。在舊約聖經中，所呈現的世界首先與「神所創造」這一思維強烈連結。在這裡，神與世界的關係被明確定義。神是創造者，而世界則是被創造出來的東西，換言之，即是被造物。這一層關係在舊約聖經中是基本且絕對的原則。世界在自身當中並沒有存在的根據、原因或目的；它是神以明確意志創造並使之存在的事物。在〈創世紀〉開頭的這一節中，清楚表達了對創造者——即神的信仰。

世界是神的創造物，這意味著神不屬於世界，而是超越世界的存在。與以色列周邊的文明相比，例如巴比倫，該地認為天空及其萬象都可以成為眾神。在以色列，則認為被造物不可能被神格化，並絕不允許這種事發生。像是出埃及後定居於迦南地的巴力（Baal）信仰，把各種自然力量當作神明崇拜的情況，對以色列人而言，都是應該徹底非難的對象。先知以利亞向巴力及其預言者挑戰（〈列王記上〉十八章）的意義，就是即使賭上性命，也要堅守神的超越性。不僅是自然萬象，人也有可能成為神；例如，出埃及記中的埃及法老就是人將自己神格化的典型範例。然而，在以色列，神是絕對的，而神以外的萬物則是相對的、不完整的、且具有極限的。這一點從創造主與被造物的關係中可以看出。

以言語進行創造

在接續《創世紀》第一章第一節後的第一個創造故事（一：一至二：四前半）中，神透過言語推動著創造的大業。在第三節中，神說：「要有光」，就有了光。第一天，透過神的話創造了光；第二天，神說話創造了天空，並將水分為上下；第三天，神將地和海分開，創造了植物；第四天，神說話創造了太陽、月亮和星星；第五天，神創造了水中的生物與空中的飛鳥；第六天，神創造了地上的動物，最後造出了人。在這六天中，舊約聖經的所有創造都是透過神的話語進行的。只有透過神的發言，被造物才能存在；在創造的過程中，神完全沒有使用任何素材。

這個創造故事應該是在以色列人被俘虜到巴比倫、居留在當地時編纂出來的。巴比倫自古以來就有天地創造的神話，其中最著名的就是西元前兩千紀中葉用阿卡德語寫成的《埃努瑪・埃利什》。這篇神話以「在上方之天尚未得其名、下方之地亦未得其稱謂之際」開頭，描述了世界在眾多神明抗爭中被創造的情況。最終，馬爾杜克在抗爭中獲勝，鞏固了巴比倫主神的地位。在這個過程中，馬爾杜克殺死了象徵海水的神明提亞瑪特，並將她的屍體一分為二，用以創造天地。簡言之，在巴比倫的創造神話中，馬爾杜克是以提亞瑪特這位神明的身體為素材，創造了天與地。

另一方面，正如前述，在〈創世紀〉的第一個創造故事中，以色列的神在創造之際並未使用任何素材。然而，神創造世界，真的如後來基督教神學所言，是「從無到有的創造」嗎？第一章第二節接著說，「地是空虛混沌，淵面黑暗，神的靈運行在水面上。」這表示，在神進行創造時，已經存在「黑暗」、「深淵」和「水」。此外，次經中的〈所羅門智訓〉也提到當時存在著「無形的素材」，因此我們無法斷言第一個創造故事背後就是「從無到有的創造」。在舊約聖經中，確實出現「從無到有的創造」的概念，是在希臘化時代的西元前二世紀以後，用希臘語寫成的〈馬加比二書〉中首次提及。在〈馬加比二書〉第七章二十八節中說：「孩子啊！我求你，要注視天、地和其中的一切，要知道這不是神用已有的東西所創造的，人類又何嘗不是這樣的呢！」這段話讚美了被造物的創造主，也首次明言了「從無到有的創造」。

對於經由神創造的世界樣貌、創造世界的神之信仰以及創造偉業的讚美，除了《創世紀》之外，還可以在舊約聖經的各種詩作中找到。換言之，這種敘述並不僅限於闡述創造故事的《創世紀》。例如，《詩篇》是以色列人在歷史上編纂的一部詩歌集，橫跨多個時代與範疇，共有一百五十首詩。其中第八篇讚美人類在被創造的世界中乃是被造物的中心；而第三十三篇則讚美世界是經由神的話語創造出來的，並強調這些話語所具備的生成被造物的力量。《詩篇》的其他篇章中也有許多關於創造的證言。此外，在《以賽亞書》四十到五十五章中，讚美神的創造，並證言神統治被造物的偉大。與《詩篇》不同，《以賽亞書》的背景是在巴比倫的統治下，被俘的猶太人直面危機，因此對創造的讚美實際上是給予被俘民眾的一種約定，告訴他們身為天與地創造主的以色列之神，遠比巴比倫的眾神強大，並將會凌駕於這些神之上。

神的創造與「智慧」（chokhmah）這一概念也有關聯。《箴言》第三章十九節承認了創造與智慧的結合：「耶和華以智慧立地，以聰明立天。」雖然在《箴言》中也提到「智慧」作為獨立的人格而運作，從而創造世界，但在這種情況下，智慧大概是作為神的仲介者而出現。

秩序

每當創造出一個又一個被造物時，以色列的神都覺得好。「神說『要有光』，就有了光。神看光是好的。」（《創世紀》一：三至四）神看了自己所造的天、地及其中的一切萬物——也就是包含人在內的被造物，最後給出了「甚好」（一：三十一）的評價。

那麼，這個「甚好」的世界為什麼會這麼好呢？透過神的言語構成這個世界、並生出被造物的這六日間，可以說是這些事物各得其所的過程。第一天，神創造了光與暗，並將晝夜「分開」。第二天，神將天空中的水「分為上下」，並創造出天空。第三天，神讓陸地誕生，將海從中「分出來」，接著創造出適合各自領域的植物與動物。第四天，神造出太陽，將晝夜「分隔」，並賦予時間經過年歲日期的區隔。就像這樣，神透過言語為世界帶來時間與空間的秩序，並賦予生命在這世上生存的場所。這樣創造出來的世界之所以「甚好」，正是因為它充滿了秩序與調和。

但是，用希臘語書寫的《馬加比二書》第七章二十三節前半有這樣的一段話：「因此，世界的創造者既然塑造了人的始祖，籌劃萬物的起源，也必按憐憫，再次把生命和氣息賜給你們。」這裡的「世界」是漢字譯詞，而在七十士譯本的希臘語中，則使用了「kosmos」這個單詞。希臘化時代的猶太教使用「kosmos」這個概念來表現世界；在這裡，神被描述為「kosmos」的創造主。

希臘語彙Kosmos是起源於愛奧尼亞哲學的概念，用來表現擁有整齊秩序的世界。因為秩序端正且調和是一種美事，所以這個希臘語彙和「美」的意義也是連在一起的。從這個詞彙中衍生出英語的「cosmetic」（化妝品），也可以窺見其意義的一斑。也可以用這個詞來表示女性用服飾與化妝呈現出美麗的妝扮。〈馬加比一書〉第二章十一節中說，「她一切裝飾都被奪去了。她不再自由，成為奴婢了。」這裡就是把猶太和耶路撒冷比作女性，用女性的裝飾品被奪走來比喻失去了過去的榮華。Kosmos既是用來表現自然界秩序井然的樣貌，也意味著世界的秩序、或是貫徹秩序的世界本身。

舊約聖經中描述為「甚好」的世界秩序，是在創造中神賦予的秩序。神創造了新的被造物，並將已經存在的創造物與新的創造物加以區別和分離，將新的事物在世界中加以定位，從而將「混沌」（chaos）變為「秩序」（kosmos）。對從希臘化世界接受了kosmos概念的猶太教而言，也如馬加比二書所述，意識到這個秩序絕對離不開神。

三、人類的靈魂

靈魂

接下來，舊約聖經如此描寫在這個「甚好」世界中生存的人類：

> 創造諸天，鋪張穹蒼，將地和地所出的一併鋪開，賜氣息給地上的眾人，又賜靈性給行在其上之人的神耶和華，他如此說（〈以賽亞書〉，四十二：五）

在神創造的世界中，被賜予氣息、賦予靈性的人類登場。從這裡開始，焦點從世界轉移到人類，舊約聖經開始逐步探討人與其靈魂的問題。

日語聖經翻譯的「靈魂」（魂），在希伯來語中稱為「內非什」（nepeš）。這個「內非什」在德語聖經中翻譯為「Seele」，英語聖經則譯為「soul」；這是因為七十士的希臘語譯為「psyche」，拉丁語的武加大譯本譯為「anima」。我們首先來看舊約聖經的記述者是在怎樣的脈絡下使用「內非什」這個希伯來語的。

被翻譯為「靈魂」的內非什，在舊約聖經中使用了七百六十次。這個詞用來表示人類身體器官中的「喉、口」，這樣的情況出乎意料地多。在烏加里特語中，「npš」指的是「大大張開的喉嚨或口」，由此也可以確認在希伯來語的用法中可以當作「喉嚨」來使用。例如，「故此，陰間（sheol）擴張其欲（內非什），開了無限量的口。」（〈以賽亞書〉五：十四）這句話正是呈現出這種用法。在〈箴言〉中也提到，「良言如同蜂房，使心（內非什）得甘甜，使骨得醫治。」（十六：二十四）這裡的內非什也是作「喉嚨」解，因此得以品味到蜂蜜的甘甜。

正如人的喉嚨會乾渴一般，內非什也會枯渴。「又飢又渴、心裡（內非什）發昏……他使心裡（內非什）渴慕的人，得以知足；使心裡（內非什）飢餓的人，得飽美物。」（〈詩篇〉一〇七：五、九）就像這樣，內非什也會如同乾渴的口、乾渴的喉嚨一般，渴求著神。在和「喉嚨」有著密切關聯的同時，內非什也具有「渴望、食欲、欲望」的意味。例如，在《申命記》中說，「你進了鄰舍的葡萄園，可以隨意（內非什）吃飽了葡萄。」（〈申命記〉二十三：二十四），在這句話中，喉嚨的內非什意味著對食物那種永不滿足的欲望。在以下的章節中，內非什也可以理解為食欲或貪欲：「人的勞碌都為口腹，心裡（內非什）卻不知足。」（〈傳道書〉六：七）

活生生的內非什

在第一個創造故事中，神在第五天說了這樣的話：

神說，水要多多滋生有生命之物，要有雀鳥飛在地面以上、天空之中。（〈創世紀〉一：二十）

「有生命的物」在希伯來語中是「內非什．哈雅」。因為「哈雅」（hay yah）是「活生生」的意思，所以「內非什．哈雅」就可以表示為「活生生的內非什」。這個「內非什．哈雅」不光指「水中的生物」，也用來指「地上的生物」。後面又有「地上的走獸和空中的飛鳥，並各樣爬在地上有生命的物（內非什．哈雅）」（一：三十）這樣的一句經文，由此可見，「活生生的內非什」，就是「生物」本身。

用來表現水與地上生物生命狀態的「活生生的內非什」，在第二個創造故事（二：四後半至二：二十五）中，也被使用在最初的人亞當身上：

耶和華　神用地上的塵土造人，將生氣吹在他的鼻孔裡，他就成了有靈的活人。（〈創世紀〉，二：七）

第二個創造故事的重點是聚焦在人類的創造上。在這篇文章中，舊約聖經的日語翻譯包含上述的譯文，全都是引用自聖書協會共同譯本（二〇一八年，日本聖書協會）。在它之前的新共同譯本中，括弧內補充了希伯來原文，指出「土的發音是『阿達瑪』（ădāmāh），人的發音則是『亞當』（adam）」，強調「人的創造是以土為素材」這一點，其實在語源上也清楚顯示了其聯繫。

在第二個創造故事中，神以擬人化的方式被闡述。在〈以賽亞書〉第六十四章八節中，創造主神被比喻為製陶師，而被創造出來的人則被比擬為陶器；這與第二個創造故事中的概念極為相似。

就像陶藝家鄭重製造陶器一樣，神用自己的手掬取泥土，將其塑造成人的形狀和動物的形狀。接著，神向這個具備人形的創造物的鼻孔中吹入生命的氣息，人（亞當）就成為「有靈的活人」。這裡譯文中的「有靈的活人」，其實也是之前提到的內非什．哈雅，即「活生生的內非什」。從塵土中造出來的人形物體，隨著神吹入的氣息，才變成了「活生生的人」。在這種情況下，我們不能說「人『擁有』內非什」；應該說人就是內非什，作為內非什而「活著」。

尼夏馬與魯阿巴——氣息與靈魂

讓原本不過是土塊（阿達瑪）的人（亞當）變成活生生之人（內非什）的，是神吹入的生命氣息。這種神吹入的「氣息」，在希伯來語中稱為「尼夏馬」（nišma）。尼夏馬這個詞在當作

「神吹來的氣息」使用時，七十士譯本經常將它替換為「pnoe」這個希臘語詞彙。「pnoe」的語源來自於動詞「pnéō」，意指「風吹、帶來氣息」。符合這層意義的「尼夏馬」在舊約聖經中的用例有二十四個，使用頻率並不高。相對地，在同樣的情況下，與尼夏馬意義相近且在舊約聖經中更常見（約三百四十次）的詞彙是「魯阿巴」（rūhôwṯ）。「魯阿巴」最初是描述氣象現象，意指從微風到大風，乃至於暴風的風之動態。夏天從地中海方向吹來的潮濕之風被稱為「西邊的魯阿巴」，而俗稱西洛可風、在夏季帶來熱浪的風則被稱為「東邊的魯阿巴」。

然而，舊約聖經對「風」的描述超越了其自然性質，經常用「魯阿巴」來表現神（雅威）的顯現及其威力，以及作為審判者的介入（例如在〈耶利米書〉四十九：三十六中）。當空氣的流動被認為是由神的氣息所引起時，這種氣息本身也被稱為魯阿巴。〈約伯記〉的主人翁約伯曾有如下的話：

> 神的靈（魯阿巴）造我，
> 全能者的氣（尼夏馬）使我得生。（〈約伯記〉三十三：四）

舊約聖經的詩文常使用並列法來表達，這可以被視為在思想上協韻的一種方式。儘管內容相同，但用不同的詞彙來呈現，是為了強調其意義。以約伯的情況為例，尼夏馬和魯阿巴幾乎是同義詞，透過兩行的篇幅描述「來自神的生命原理賦予創造之人以生命」。在第二個創造故事中，神吹入土塊的是尼夏馬，但根據上述例子，可以基本上認為它和魯阿巴具有相同的意義。

在〈約伯記〉中，還有另一個例子：「但在人裡面有靈（魯阿巴），全能者的氣（尼夏馬）使人有聰明。」這裡也使用了相似的用法。然而，從「我的生命（魯阿巴）尚在我裡面，神所賜呼吸之氣（尼夏馬）仍在我的鼻孔裡」（二十七：三）這段經文來看，嚴格而言，相對於專指「呼吸」的尼夏馬，魯阿巴則是指這種呼吸進入身體後的狀態。因此，魯阿巴在日語中被譯為「靈」（對應希臘語的pneuma），正是基於這個原因。

尼非什——作為活生生的人類本身

就像這樣，當神的呼吸（尼夏馬）從鼻孔吹入，並在身體內部使魯阿巴（靈）開始活動時，以土（阿達瑪）為素材構成的身體，會將魯阿巴包含在其中，這種存在便是活生生的尼非什。這意味著人（亞當）只有透過神將生命的氣息（尼夏馬）吹進體內，才能成為尼非什。只有當身體內部包含由神之呼吸形成的靈，作為整體存在的人才能真正活著。舊約聖經將這種「活生生的存在」稱為尼非什。

在舊約聖經中，有許多例子將「活生生的各個人本身」稱為尼非什。希伯來語在單詞後面加上「我的」這個代名詞時，用「我的尼非什」這種表達方式幾乎就是直接用代名詞來指涉「我自身」的意思。例如，在詩篇中提到：「神啊，我的心（尼非什）切慕你，如鹿渴望溪水。」（〈詩篇〉四十二：一）詩篇的作者將「我的尼非什」作為自身的代表來渴求神。在這裡可以清楚地看出，當尼非什感到飢渴時，能夠治癒這種飢渴的，並不是其他被造物，也不是由被造物構成的物質，而是與神的交流。

最後，尼非什這個詞也被用來指人或人數的例子。例如，「悉帕從雅各所生的兒孫，共有十六人（尼非什）。」（〈創世紀〉四十六：十八）在這種情況下，尼非什便意味著人數。此外，還有許多類似的例子（例如〈創世紀〉十二：五等）。

由此可知，尼非什除了表示「人體的特定部分」之外，還與具有生命機能的魯阿巴同義，最終甚至可以用來表現活生生的人本身、人的生命，乃至於其整體性。在〈詩篇〉第七十四章十九節中寫道：「不要將你斑鳩的性命（尼非什）交給野獸，不要永遠忘記你困苦人的性命（哈雅）。」尼非什與表示生命的哈雅以對偶形式使用的情況相當多，因此兩者幾乎可以視為指同一意義。

「靈魂」是不死的？

既然如此，那麼舊約聖經中使用的「尼非什」這個詞與「靈魂」這個詞有何相異之處呢？

當我們使用「靈魂」這個詞時，會認為它存在於身體之中，但同時也能離開身體、或是別於身體而存在的一種精神實體。

然而，舊約聖經的尼非什與這種狀態截然不同。在聖經中，作為從人分離而存在的「靈魂」這種觀念僅在少數地方提及。大部分篇章中，尼非什都是神作為恩惠賦予活生生的生物的生命。尼非什必定是與身體結合的存在，一旦死亡，它的存續也會隨之終結。既然人是因為神的魯阿巴進入體內才得以變成尼非什，那麼當神的魯阿巴被取走時，活著的尼非什也會跟著終結。〈民數記〉第六章第六節提到「在他離俗歸耶和華的一切日子，不可接近死屍（死去的尼非什）。」由此可見，由身體與靈魂構成一體的尼非什在死亡之際，其任務也隨之結束，變成死去的尼非什，也就是屍體。

在希臘，雖然許多人認為靈魂位於身體之中，但也能夠離開身體自行行動，具備自立的存在。然而在舊約聖經中，我們看不到尼非什的不死性或死後存續的觀念。

小結

舊約聖經所描述的「世界」（天與地），與希臘化時代用「kosmos」來表示的「世界」有著顯著的不同。這個世界的秩序並非透過自然的內在法則而獲得，也不是因為這樣的法則而得以維持。構成秩序的是神的意志，正是將這個世界調和並創造為井然有序之物的神之意志。創造故事的作者一再重複神的話語，強調世界是「甚好之物」。神對這個世上存在的一切給予肯定並賜予祝福。在這個世界中不存在惡的東西或不需要的東西；這是舊約聖經根本的世界觀。

因為神的創造偉業在世界中展現，所以人類能在世界中發現神。人對創造之神的偉業加以讚美（例如〈詩篇〉一〇四、一三六章等）。像〈詩篇〉第十九章所述，「諸天訴說／神的榮耀，穹蒼傳達他的手段」，被造的世界（自然）也會讚美創造之神的偉業。在擁有尼非什（靈魂）這層意義上，人類和動物具有共通性。然而，在第一個創造故事中，雖然作為被造物，只有人擁有「神的形象」（〈創世紀〉一：二十七），因此人被賦予了特別的地位。這個「神的形象」在拉丁語中稱為「imago dei」，並且在基督教神學中被熱烈討論。正因為人類如此獨特，神才將世界委託給他們（〈創世紀〉一：二十八）。站在神所創造的被造物之頂端，作為活生生的尼非什而存在的人類，必須永遠承擔義務，努力維持自然乃至整個世界的秩序。

延伸閱讀

齊默里（Walther Zimmerli）著，山我哲學譯，《舊約聖經的世界觀》（*Die Weltlichkeit des Alten Testament*，教文館，一九九〇年）——針對由神所創造、並將責任委託於人類之手的世界，闡明其意義的名著。在書中，對於神、人、歷史、土地、詛咒、智慧等各種主題與世界的關聯進行了宏觀且深遠的論述。

越川弘英，《舊約聖經的學習》（基督教新聞社，二〇一四年）——針對舊約聖經整體的思想與意義，從〈創世紀〉開始依序進行淺顯易懂的概論。了解神如何創造世界與人類（兩個創造故事）所需知識全都可以從這本書中獲得。

高井啟介，〈「魯阿巴」與「奧伊布」（ʾōwḇ）——希伯來語聖經中靈的問題〉（鶴岡賀雄、深澤英隆編，《靈性的宗教史（下卷）》，宗教史學論叢16，立頓，二〇一二年）——思考靈魂的時候，有必要瞭解有關靈的部分；本文除了詳細論述舊約聖經中的靈（魯阿巴），也談到死者的靈（奧伊布）所蘊含的意義。

市川裕，《猶太人與猶太教》（岩波新書，二〇一九年）——從猶太人的歷史、信仰、學問、社會這四個角度來介紹猶太教；本書的視角不只把猶太教當成單純的宗教，更將它視為從根本支撐猶太人精神生活的生存方式來加以理解。要理解猶太教與猶太人，捨本書再無更佳作品。末尾的文獻解讀也非常有助益。

CHAPTER

four

第四章

中國諸子百家中的世界與魂

中島隆博

中国の諸子百家における世界と魂

一、世界與魂的變化

在軸心時代視野下的諸子百家

在雅斯培所稱的「軸心時代」中，占據一席之地的是古代中國的諸子百家時代。當時由於都市的興盛，都市之間的交易帶動了經濟發展，並引發了關於世界與魂的新思潮。當然，在這當中沒有直接使用「世界」和「魂」等術語；重要的是，對環繞人類的整體視域（horizont）進行反省，並對人類的「生存方式」加以考察，從而誕生了新的思想。這些思想為後來中國哲學中的「世界」和「魂」概念奠定了討論的基礎；隨著與佛教和基督教的對峙，這一框架也隨之發生變化。在此，我們除了關注這些思想與後世哲學之間的關聯外，還將試著探討它們與中國以外展開的類似議論之間的重疊。如果把中國哲學當成世界哲學實踐的一環來加以理解，那就有必要超越單純的同異比較，圍繞提出問題的方式與態度，並透過相互對比的方法來進行討論。

本章將列舉《莊子》、《孟子》、《荀子》以及《論語》等文本，以及其中關於「世界」和「魂」的議論。我們主要觀察的是，「世界」這一視域是如何在我們周遭被創造出來，並且如何隨著時間而發生變化。在這裡，我們所探求的並非近代主體或個人，而是如何從「魂」的角度來追問「我」、「我們」或「人」。

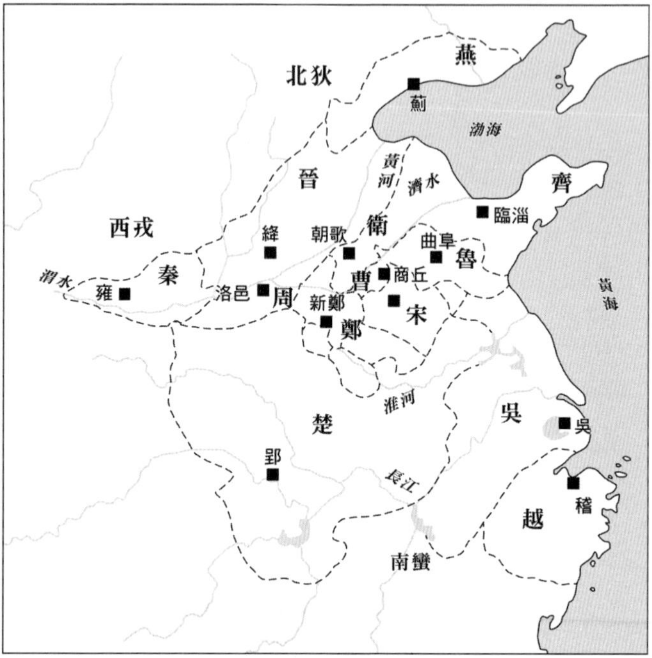

春秋時代的中國（西元前五〇〇年左右）

魂交與夢

在這裡，我們試圖透過「世界」與「魂」的概念來探討以下問題：首先，關於「魂」，我們將其理解為「使某人或某物得以成為其本然狀態的作用」。這樣的理解並非將「魂」視為某種具體化的實體，而是作為一種更具動態性的原理來看待。相應地，我們也不將「世界」視為一個巨大的容器或場域，而是視為伴隨著「魂」的作用共同顯現的地平線。相反的，將世界看作「容器」，並將實體化的「人」與「物」配置於其中，以此來思考它們之間的關係，這種觀點正是古代中國諸子百家所批判的。

所謂諸子百家，是在中國中原地區發展起來的新學術派別，主要包括儒家、道家、墨家、名家和法家等。這些學派脫離了以往的宗教信仰，重新思考「天」與「人」之間的關係，並對人類及其周遭世界的存在方式進行反省。

話說回來，在諸子百家時代，直接使用「魂」這個用語的情況並不多見。儘管如此，還是可以舉出一個令人印象深刻的用例，那就是接下來這段《莊子》中值得注目的記載：

> 其寐也魂交，其覺也形開。（《莊子・齊物論》）

根據西晉司馬彪的註釋，這裡的「魂交」指的是「精神交錯」的意思。「精神」這個詞會令我們聯想到作為現代西方語言裡的「Geist」、「spirit」或是「esprit」等，但在古代中國，「精神」一詞所指的是既不「粗」也不「雜」，而是「精微」的「神」，是某種「神秘的作用」。此處的「神」也不是「God」的意思，而是更具有變動性的神祕狀態。

在成書於西元前一世紀前漢的作品《說苑》中，對於「精神」就有淺顯易懂的記述：

> 精神者，天之有也，形骸者，地之有也；精神離形而各歸其真，故謂之鬼。（《說苑・反質》）

這段的主題是「死去的人會變成怎樣」的問題。文中提到的「精神」，因為是「精」，所以朝著天空飛升，而肉體則會停留於地面。接下來，「精神」會「歸其真」，這便是所謂的「鬼」。這裡的「歸」和「鬼」是相同發音，因此是個文字遊戲。不過我們要關注的並不是文字遊戲的問題。「鬼神」這個幽靈般的存在，在中國哲學及日本哲學中是反覆探討的主題。而這個主題的原點就在《說苑》的這段話中。也就是說在感覺上「精神」和「鬼」都屬於超越人類的「天」這一維度。

讓我們再回到《莊子》，來看看「其寐也魂交，其覺也形開」這句話。這裡所要呈現的是離開身體的「精神」——也就是「魂」——而進行混交，此一令人目眩神迷的事態。這種事態在清醒的時候是不會產生的；只有在「寐」（睡著時）這個另一種時刻才會產生。

這樣的想像力對日本文學產生了很大的影響。比方說《萬葉集》（七世紀到八世紀）中的「苦戀吾妹不得，摺返白袴之袖而寢，能令汝於夢中見吾姿乎？」或是「良人摺袖夜寢時，吾亦有所夢；宛若夢中與君得聚首」；又或者如《古今集》中小野小町的「當戀慕之心強烈到無法壓抑之際，我反穿睡衣睡著，彷彿就能與心愛的人在夢中相會」。在這些和歌中，將袖子或衣服反過來睡，是和「思念的人會在睡著時出現在夢裡，或者自己會出現在思念的人夢中」這樣的想法緊密相繫。

物化與世界的變貌

睡眠中的夢有多重要，眾所周知的蝴蝶夢這個意象最有代表性了：

> 昔者莊周夢為蝴蝶，栩栩然蝴蝶也，自喻適志與！不知周也。俄然覺，則蘧蘧然周也。不知周之夢為蝴蝶與，蝴蝶之夢為周與？周與蝴蝶，則必有分矣。此之謂物化。（《莊子．齊物論》）

「物化」指的是人類變化為人類以外之物、其他樣貌或是成為另一個人的情況。這個概念無法簡化為儒家的「教化」。因為「教化」指的是「將小人變為君子或聖人」這種啟蒙計畫所帶來的變化，並且是朝向特定目的論方向的變化。相對於此，「物化」則是不受這類政治、倫理、經濟體制或利益取向所驅動，換言之，並非按照這些目的而產生有序的變化。

「物化」之所以重要，在於它思索了世界的變貌。許多論者認為在蝴蝶夢中，莊周意指一個「自他融合」的「萬物一體」的世界。然而，原文中卻有「周與蝴蝶則必有分矣」這句話，顯示這段並沒有描述莊周與蝴蝶的融為一體。

依筆者觀點，將「物化」解釋為「自他融合」的想法，應該是將《莊子》中的「萬物齊同」，也就是「萬物皆等而相同」這一論點的偏頗解釋。之所以說偏頗，是因為「萬物齊同」

與自他融合、萬物一體的想像力之間，存在實質上的差異。即使擱下這點不提，《莊子》在此論述的也不是「萬物齊同」的同一性，而是「物化」這個變貌的問題。那麼，我們要怎麼理解這種變貌才好呢？

讓我們參照古老的註釋吧。為《莊子》註解的西晉郭象（二五二—三一二）做了這樣的闡述：

> 覺夢之分，無異於死生之辯也。今所以自喻適志，由其分定，**非由無分也**。夫時不暫掉，而今不遂存，故昨日之夢於今化矣。死生之變豈異於此，而勞心於其間哉！**方為此，則不知彼**。夢為蝴蝶是也。取之於人，則一生之中，今不知後，麗姬是也。而愚者竊竊然，自以為知生之可樂死之可苦，未聞物化之謂也。（郭象《莊子注》）

郭象對「物化」意義的解釋指出，雖然物化前後的世界各有區分且各自充足，但變貌仍然會產生。值得注意的是「方為此，則不知彼」這一原則；這是指在「物化」的前後，各自都充分享受自己的存在形態，感到自我滿足，而無法理解他者的存在方式，從而建構出自己的世界。儘管如此，當「物化」這種根本性的變容出現時，使得事物變成完全不同的其他存在，而由此產生的世界也因此呈現出一個全新且截然不同的樣貌。

換言之，物化既不是在一個世界所進行的兩個立場交換，也不是要展現出具有貫穿各種變化的同一實體。此外，「物化」並未預設有另一個真實的世界，其視野也並未立足於超越多個世界的立場。

基於莊周與蝴蝶、夢與清醒、乃至於死與生等區分所構想的「物化」，正是這樣的現象。一方面，當莊周身為莊周、蝴蝶身為蝴蝶，身處各自劃分的世界時，兩者都是絕對自我充足的存在，對其他的立場毫不關心。儘管如此，另一方面，這種稱為「性」的生存方式會產生變貌，化為他物；甚至整個世界本身也會隨之變貌。《莊子》中的「物化」正是指向這樣的情況。

二、經院哲學、修驗道、以及與佛教的關聯

花與「另類現實性」（Allergeia）

為了更清楚理解這一情況，我們可以參考山內志朗的《湯殿山的哲學——修驗與花與存在》中提到的「地靈之語」。在這裡，經院哲學與修驗道哲學相互交織，展開了「花」之哲學：

當櫻花的皺褶展開，就會開花。德性倫理學（virtue ethics）將幸福理解為開花（flourshing）。無論是小花或是大花，都會朝著「盡量讓自己的花綻放」在存在中變化。花的綻放並不是為了結果，因此，花是「毫無原因地」綻放。

花並不是為了滿足普遍的尺度或客觀的基準而綻放。花就是花，透過展開自己的皺褶而實現開花。月山正是由眾多山的「皺褶」所構成，湯殿山也是其中的一道「皺褶」。（《湯殿山的哲學》，頁五一）

「花」是將種子中摺疊的皺褶展開而綻放的過程。雖然這個過程最終可能會結出果實，但它並不是為了這個既定目的而綻放。花是「無緣無故」，也就是沒有理由、毫無根據的綻放。這正是亞里斯多德哲學所提出的「現實性」（希臘語：energeia），即「在工作中」（希臘語：en ergon），這是一種正在發揮作用的現實狀態：

所謂「運動」（kinesis），就像步行一樣。在具備目的並朝著目的前進的意涵上，「步行」係指達成這個目的的手段。不抵達目的地的步行是毫無意義的，而步行本身也是無意義的。另一方面，「現實性」則像是舞蹈一樣，這種行為本身並沒有要到達哪裡。即使不前往哪裡，在它內部也經常已實現著目的，因此不必實現行為外部設定的目的，也總是完成的。因為舞蹈總是達到目的，所以我們常說「舞跳完了。」就是一種完成，不管在哪裡結束，都沒有不完全這回事。「運動」會隨著到達目的地消失，但「現實性」則是一直停留在目的之中。亞里斯多德就以「人生」為例，作為這種「現實性」的典型：作為現實性的人生啊！（同前揭書，頁二〇五—二〇六）

在此，我們將朝向目的運動「kinesis」，與其進行本身就是目的、或者可說毫無外在目的的行為「energeia」對比。接著，我們將再進一步探求「energeia」與「圓滿實現」（希臘語：entelecheia）之間的關係。與其將兩者劃上等號加以理解，不如透過重新思考兩者的關聯來試著界定「達到目的」（希臘語：telos）這件事的根本意義。然後，「無論在哪裡結束，都不會不完整」的理解，已超出了對於「圓滿實現」的傳統認識。

若是如此，我們或許應該更進一步思考：「花」本身就是舞蹈行為。當然，我們知道「花」會枯萎，而這個現象也應該稱為「現實性」。然而，我們不妨借用近代概念的「allergie」（過敏）的詞頭「all」，諧仿造出「aller-geia」（另類現實的）一詞。因此，「作為現實態的人生」也包含了衰老的過程。

令人深感興趣的是，「花」這一現象不僅自成一個世界，實際上上也可以視為一種皺褶。然而，如果深入皺褶的細部探究，絕對無法看透整體。就像「我在太靠近月山、看不見月山的山谷間長大」（同前揭書，頁十二）所言，我們的生命並不一定具備超越的視野，也不見得能一舉看透整體的世界。

回到《莊子》的蝴蝶夢。莊周和蝴蝶各自都是「花」，在面對無法徹底看透的世界，各自作為「近旁」而生成世界；在這個新的前提下，他們並不預先位於整體的世界之中。這正是形成「物化」的條件。當變化為其他物體時，作為「近旁」的世界也會隨之改變。從先前的概念來看，這種「物化」可理解為「另類現實性」。這就是作為「另類現實性」的人生啊！

與佛教的關聯

實際來說，這裡舉的《莊子》兩段記述（魂交與夢蝶），在六朝時代佛教正式進入中國言論空間之際（以五世紀的鳩摩羅什譯經為中心），被佛教徒特意揀取出來，作為解釋佛教這個嶄新思想的依據。關於這方面在本叢書第二冊第六章會詳論，在此僅介紹其中一部分。

曹思文這位信奉佛教的士人在議論中這樣說道：

斯其寐也魂交故，神遊於蝴蝶，即形與神分也。**其覺也形開，遽遽然周也**，即形與神合也。神之與形有分有合，合則共為一體，分則形亡而神逝也。（《難范中書神滅論》）

從引文中強調部分可以清楚得知，這是借用魂交與夢蝶的故事加以構成的。那麼，曹思文對這段話又是怎麼用的呢？他是將它當成「形」與「神」可以分離的論據。佛教徒透過這點，試圖證明死後會有某種魂存在，而且會有輪迴轉世。

只是，這也是一種有點走樣的用法。說到底，《莊子》的議論，並不是在討論魂的離存，或是身心問題上的魂與肉體關係，而是在論述生存與生活的形式、以及圍繞在其四周、作為視域的世界之變貌。輪迴轉世必然確保了這個魂的同一性，但《莊子》並沒有提及同一性，只是探討某個魂的交錯與變貌。更進一步來說，佛教的最終目標應該是從輪迴轉世中獲得解脫，所以這個探討本來就不該停留在「形」與「神」的離合這個範疇內。

儘管有上述引用的走樣，我們可以思考佛教徒援用《莊子》的意義，則會發現其中蘊含著對於從此世邁向其他世界的通路、以及人的變貌之想像力。佛教的目標是要朝著「成佛」前進，而若是要構想包含淨土在內的複數世界，則在中國不可避免地就必須和《莊子》的魂與世界產生關聯。

在這裡，還可以看看另一個佛教徒提及古代的世界與魂的例子。在《孟子．梁惠王》裡有這樣一段文字：「王說曰：『《詩》云：他人有心，予忖度之。』夫子之謂也。」這裡依循的是《詩經．小雅．節南山．巧言》。佛教徒蕭琛在他的《難神滅論》中做了這樣的論述：

（范縝《神滅論》曰：）「心為慮本，慮不可寄之他分。」若在於口眼耳鼻，斯論然也，若在於他心則不然矣。耳鼻雖共此體，不可以相雜，以其所司不同器，器用各異也。他心雖在彼形而可得相涉，以其神理均妙識慮齊功也。故《書》稱：「啟爾心，沃朕心。」《詩》云：「**他人有心。予忖度之。**」齊桓師管仲之謀，漢祖用張良之策，是皆本之於我形，寄之於他分。何云張甲之情不可託王乙之軀，李丙之性勿得寄趙丁之體乎？

雖然我們無法詳論蕭琛議論的內容，但在這裡可以確認到，蕭琛將他者之心視為核心議題，從而思考與其他者之心交通的情況，而這就是「甲之情入乙之體，丙之性入丁之體」的事態。不只如此，在這種時候，他者並不僅限於人，可以超越被創造出來的範疇，進行魂的交流。

三、儒家的世界論與魂論

不忍之心

那麼，引用這段《詩經》的《孟子》，它的議論又是怎樣一回事呢？其實，這和《孟子》的重要概念「不忍之心」是密切相關的：

（孟子）曰：「臣聞之胡齕曰，王坐於堂上，有牽牛而過堂下者，王見之，曰：『牛何之？』對曰：『將以釁鐘。』王曰：『舍之！吾不忍其觳觫，若無罪而就死地。』對曰：『然則廢釁鐘與？』曰：『何可廢也？以羊易之！』不識有諸？」

王曰：「有之。」

曰：「是心足以王矣。百姓皆以王為愛也，臣固知王之不忍也。」

王曰：「然。誠有百姓者。齊國雖褊小，吾何愛一牛？即不忍其觳觫，若無罪而就死地，故以羊易之也。」

曰：「王無異於百姓之以王為愛也。以小易大，彼惡知之？王若隱其無罪而就死地，則牛羊何擇焉？」

王笑曰：「是誠何心哉？我非愛其財。而易之以羊也，宜乎百姓之謂我愛也。」

曰：「無傷也，是乃仁術也，見牛未見羊也。君子之於禽獸也，見其生，不忍見其死；聞其聲，不忍食其肉。是以君子遠庖廚也。」

王說曰：「《詩》云：『他人有心，予忖度之。』夫子之謂也。」（《孟子．梁惠王上》）

《孟子》與《莊子》的文本都是在西元前四世紀到西元前三世紀得以成形，雖然是時代相當重疊的文本，但據程艾蘭（Anne Cheng, 1955-）的《中國思想史》所述，兩者的問題意識針鋒相對，彼此構成競爭關係。儘管如此，在談到世界與魂時，兩者都探討「變貌」，因此有著饒富興味的重合。

比方說，《孟子》提倡的「性善」觀念。這裡探討的議題是人的「性」，但值得注意的是，這個「性」與其說是本質，不如理解為「人之所以成其為人的『生存方式』」更為恰當。因此，這是一種魂論。實際上，《孟子》並不認為「生存方式」原封不動就是善。情況並非如此，而是「生存方式」中蘊含著向善的「端緒」，若能將這個「端緒」進一步「擴充」，便能實現善。為了這種「擴充」，必須進行某種實踐；那麼，這種必須要做的實踐是什麼呢？其中一個例子，就是這裡所提到的「不忍之心」。

這裡的「不忍之心」並不是指我的心，而是因他者觸發而生之心，因此從一開始便展開了「魂交」。在此情境中，王因為牛這個「他者」而突如其來地產生了「不忍之心」。由於這是一種缺乏理由和根據的狀態，王無法掩飾內心的困惑。「這究竟是何種心情呢？」王說要以羊代替牛，結果世人從經濟角度評價王為「吝嗇」；但其實，王並不是因為要在經濟上節約才這麼做。這關乎對這個世界分裂的判斷；正是因為窺見了與這個世界原理相異的另一個世界，並與之瞬間相會，才做出了這樣的判斷。

與王共享這一事態的就是孟子。齊王透過孟子的引導首次理解了《詩經》中「他人有心，予忖度之」的意義。此時，齊王也明白了他所體驗的「不忍之心」的真正含義。這是一種我們與他者共同體驗的心靈或魂的存在。我們有心，他者也有心，這兩者並非孤立的現象。讓心靈變得動態，最終必須依賴他者的觸發。因此，即使這種心靈成立並展開自足的世界，這樣的世界依然常常分裂，並時常能夠達到他者之心的瞬間。

化性

承繼《孟子》的這種議論以及上述《莊子》的觀點，更進一步思考的就是《荀子》。它的重點在於「化性」，也就是「使生存方式產生變化」。荀子說：

> 故聖人化性而起偽，偽起而生禮義，禮義生而制法度；然則禮義法度者，是聖人之所生也。（《荀子．性惡》）

荀子也主張：

> 反於性而悖於情。（《荀子．性惡》）

上面兩段出自《荀子》的〈性惡〉篇。與《孟子》的「性善」相比，《荀子》的「性惡」

概念在理解時也需謹慎。《荀子》主張，人的「性」這種「生存方式」若不加以管控，就會陷入惡的狀態；他在此洞察到人的「性」並不完善。因此，荀子強調改善「性」的必要性。在這裡，儒家所談的「性」不能僅用自然主義或本質主義來理解；如程艾蘭所推測，這種「變化」觀念的引入可能受到《莊子》「物化」思想的影響。儘管如此，就像《孟子》對「性善」的主張中包含了「性」向善變化的可能性，《荀子》也未脫離儒家的問題意識。因此，我們可以理解為，荀子在受到《莊子》批判後，重新建構了儒家的「性」論。

正因為如此，《荀子》批判《莊子》「蔽於天而不知人」（《荀子・解蔽》），並不接受向所有方向開放且為非倫理變化的「物化」。作為儒家的思想家，《荀子》依然強調將人類的「生存方式」朝著特定的倫理方向變化。然而，這種方向究竟是什麼呢？荀子曰：

> 人之性惡，其善者偽也。今人之性，生而有好利焉，順是，故爭奪生而辭讓亡焉；生而有疾惡焉，順是，故殘賊生而忠信亡焉；生而有耳目之欲，有好聲色焉，順是，故淫亂生而禮義文理亡焉。然則從人之性，順人之情，必出於爭奪，合於犯分亂理，而歸於暴。故必將有師法之化，禮義之道，然後出於辭讓，合於文理，而歸於治。用此觀之，人之性惡明矣，其善者偽也。（《荀子・性惡》）

《荀子》指向的最終方向是「治」，這確實是個極具儒家風格的目標。然而，在儒家的歷史上，《荀子》卻被視為危險至極的哲學，不僅要避免公然閱讀，連提及也只能以批判的口吻來討論。這一現象的轉折點發生在唐朝。直到唐朝，楊倞才為《荀子》註解，而韓愈則將儒家的系譜定義為從孔子到孟子，排除了荀子，從此對《荀子》的批判成為普遍共識。造成這一現象的主要原因在於《荀子》主張「性惡」，並進一步提出「化性」的觀點。因此，它被看作是破壞了純粹且完全的「性」這一理想。然而，值得強調的是，這還有另一個理由。為了實現「治」，《荀子》提出了「師法之化、禮義之道」，但將這種方法歷史化，正是其問題所在。這又該如何理解呢？

《莊子》與《孟子》在其對於世界與魂的論述中，並未充分考慮歷史性，因此缺乏歷史的議論。相比之下，《荀子》的最大特徵在於引入了歷史的觀點。這意味著，荀子思考了過去、現在與未來這些不同型態的世界之間的聯繫。當前世界的形態，不正是由歷史的發展所構成的嗎？而我所處的現狀，也無疑是由歷史所塑造的。這正是荀子在引入歷史時所提出的核心問題。

「後王」這個概念是由《荀子》創造的，指的是當前的君主「反復」過去「先王」的稱謂。在這一「反復」的過程中，伴隨著規定世界形態的「法」和「禮」等制度的變更，這些制度也得以延續。世上沒有不可變更的制度，隨著變更，世界的形態也可以隨之改變。

值得注意的是，在《荀子》的論述中，「夷狄」的世界經常出現。夷狄是指相對於中華文明中心的周邊民族及其社會，通常被視為「不屬於文明」的「野蠻」。然而，《荀子》認為這些夷狄也因應不同的制度，形成特定的世界。既然制度是可變的，那麼這些特定的世界也會隨之變化，因而應該能與其他世界交流和溝通。這一觀點與《莊子》形成鮮明對比。《莊子》更深地駐足於某一特定世界中，難以看到其他世界的情況下，構想世界的變化；而《荀子》則承認多個世界的存在，但並不是從超越性的視角，而是基於歷史視角來探討這些世界之間的關係。

若基於以上討論的內容來探析「魂」，可以做出如下闡釋：人的「生存方式」會隨著加諸身上的「法」、「禮」等制度而產生變化。既然這些制度本身也是可變的，雖然有「治」這個最終目標，但「生存方式」變化的具體樣貌也會隨著時代或狀況而產生重大變化。令後世儒家對《荀子》感到懊惱的，恐怕就是這種可變性。因為「法」和「禮」等制度一旦引進，就應該遵守，後世的儒家難以接受已建立為規範的準則在結構上仍會動搖的觀點。

另一方面，「構成世界的制度是人類歷史性的創作」這一結論也相當棘手。如果古代聖人能像神一樣以完美的方式創造出制度，那麼後人只需正確地「反覆」古聖先賢的作為便已足夠。然而，《荀子》藉由將這種「古代的一擊」轉化為「歷史化」，而進行深刻的解構。制度是經常不斷被創造出來的；不僅如此，儘管它假託於「聖人」，但人類仍然透過社會性想像力持續創造。世界的型態與靈魂的型態，即「性」，是彼此相互規定的。如果世界的型態產生變化，則人類的「性」也會隨之改變，反之亦然。在這種相互作用中，不需要超越者；所需的只是持續變化中的、不完整的人類。

「仁」

到目前為止，我們已經考察了古代中國對於「世界」與「魂」的議論；最後，我想探討一個使其成立的條件是什麼。無論如何，為了能夠探求世界與魂，必須有他者這個要素。正是從這裡開始，自己與周圍世界視域的問題才會浮現。不僅如此，比起自己，他者更早出現。因此，我們所觀察到的情況並不是意義的充盈，而是意義的分裂。我們必須從這個分裂出發來思考世界與魂。在古代中國，孔子應該是第一位經歷並面對這種意義分裂的哲學家。

司馬遷在《史記》中形容孔子為「喪家之犬」，意指他是一個居無定所、四處流浪的人。孔子帶著弟子在各國之間輾轉流浪，透過與他者的相遇以及被他者所看待，開始思考全新世界與靈魂的形態。由這種思考編織而成的新概念就是「仁」。儘管「仁」有各種定義，但顯然它是孔子在與弟子對話中所探求的概念。換句話說，從這個概念的內容來看，它並非孤立存在：

樊遲問仁。子曰：「愛人。」（《論語・顏淵》）

子貢問曰：「有一言而可以終身行之者乎？」子曰：「其恕乎！己所不欲，勿施於人。」

（《論語．衛靈公》）

這些對話中所提到的「仁」，其實是非常簡單的事物。簡單來說，就是「藉由對他人好而使自己變得人性化」。雖然這句話聽起來很簡單，但它所帶來的全新世界與魂的變化卻是相當深刻的。這是因為孔子主張，只有與他者相伴，我與世界的存在方式才能具備人性。

預先被規定的「我與世界的型態」並不存在。這些型態只有透過「對他者好」的實踐才能創造出來，從而使人具備人性。即便是再了不起的權力者，只要不實踐「仁」，他的存在方式也不會符合人應有的樣子，最終只會顯得毫無意義。程艾蘭對「仁」有如下的描述：

「仁」這個字由「人」和「二」兩部分組成，意味著人只有在與他人的關係中才能成為真正的人。這一字形所體現的概念，強調個體並不是與他人孤立的存在，而是理解自己為彼此人格交流的節點。西元二世紀的偉大註釋家鄭玄在定義「仁」時指出：「人也，讀如相人偶之人，以人意相存問之言。」這句話的意思是，仁是來自共同生活中產生的相互關懷。

雖然仁可以大致翻譯為「做人的品德」或「身為人的特質」，但它其實是在與他人關係的網絡中，創造出當下作為道德性存在的人類。這種複雜但仍能達成調和的人際關係，與世界本身極其相似。因此，道德的思考並不是在論述如何建立個人與個人之間理想關係的最佳方法。

相反地，最初存在的是道德的紐帶，它為所有人類存在的本性奠定了基礎，並構成了這種本性。（程艾蘭，《中國思想史》，頁四七—四八）

透過「仁」，孔子顛覆了原先社會所視為前提的意義體系，並且發明了對待世界、人與魂的嶄新態度。這一新思考的核心是：「先有的是道德的紐帶，它為所有人類存在的本性奠定了基礎，並構成了這種本性」。

如上所述，古代中國對人類的生存方式產生了各種議論，而其出發點都有了「他者」。在當今社會中，我們依然被從個人出發、思考關係性，並以此構建世界的傾向所束縛。然而，古代中國的思考卻能夠再次動搖這種束縛，並提出對魂與世界的全新想像。

延伸閱讀

程艾蘭，志野好伸、中島隆博、廣瀨玲子譯，《中國思想史》（*Histoire de la pensée chinoise*，知泉書館，二〇一〇年）——這本由單一作者撰寫的中國思想通史，具有無可取代的價值。若想對中國哲學的發展有一個概括的了解，這本書無疑是極佳的選擇。作者不僅對眾多原典進行了精確的解讀，還展現了與傳統漢文訓讀方式截然不同的思想視角。

中島隆博，《莊子：化為雞告知時辰》（岩波書店，二〇〇九年）——從「物化」的觀點重新解讀《莊子》，這本書不僅探討了與世界觀和魂論相關的議題，還對理解《莊子》與現代語言學及倫理學之間的複雜關係提供了有益的參考。

山內志朗，《湯殿山的哲學：修驗與花與存在》（普紐瑪舍，二〇一七年）——這是一部中世紀歐洲之經院哲學與日本之修驗道哲學相遇的傑作。作者以日本的「花」概念解讀亞里斯多德與經院哲學對世界與魂的理解，特別是「現實性」（energeia）與「存在的個體性」（haecceity），堪稱珠玉之作。

武田泰淳，《司馬遷：史記的世界》（講談社文藝文庫，一九九七年）——在對世界的多樣性深感震撼的同時，作者從《史記》中看見了一種作為「人的天文學」的歷史觀。基於凝視世界「無可言喻的自我崩壞」的景象，作者論述了孔子以「喪家之犬」的姿態開創出的嶄新人類生存方式。

CHAPTER

five

第五章

古印度的世界與靈魂

赤松明彥

古代インドにおける世界と魂

一、世界哲學史中的印度哲學

哲學與梵文，以及印度哲學

距今約一百年前，德國基爾大學的哲學教授保羅．多伊森（Paul Deussen, 1845-1919）在德國哲學研究領域做出了許多開創性的貢獻。他撰寫了兩卷六冊的《一般哲學史》（*Allgemeine Geschichte der Philosophie*, 1894-1917，共七冊），其中第一卷的前三冊專門考察了「印度人的哲學」，而第三冊的最後則作為補遺，簡要提及了「中國人和日本人的哲學」。

從「世界」的視野重新探討「哲學」，是這套《世界哲學史》的嘗試。本章的目的在於為古印度的「哲學」賦予一個定位。因此，在本章開始時，我想首先簡要概述作為先驅者的多伊森的構想。

現在知曉多伊森這個名字的人不多，但他在明治時代卻是相當著名的人物。在夏目漱石的《我是貓》中出現的東洋學者八木獨仙，其名字據說就是來自多伊森（參見杉田弘子，《漱石的「貓」與尼采》，白水社，二〇一〇年）。

根據多伊森的自傳，當他像是在兩個喜歡的戀人之間猶豫般在哲學與梵文間搖擺不定時，忽然有一個突如其來的靈感降臨，使他產生以下的想法。那時是一八七三年十一月十四日，多伊森二十八歲，在日內瓦擔任哲學與梵文的外聘講師，正值其大學教授生涯的起步階段：

我對梵文感到極為喜愛，可是又不能下定決心捨棄哲學——既然如此，那為什麼不在梵文和哲學兩方的交錯點上，建立起我的畢生志業呢？（《我的人生》，頁一六五）

接著他又說：「我怎能不把自己的創作力奉獻給印度哲學的研究呢？」（出處同上）簡而言之，他在梵文與哲學的交匯點上建立起了自己的終生志業，即專注於印度哲學的研究。

在十八世紀末，受到歐洲浪漫主義思潮的影響，梵文研究開始蓬勃發展。到了十九世紀中葉，隨著《吠陀》和《奧義書》等眾多梵文文本被翻譯成德文並出版，相關的研究成果也層出不窮。然而，在提及「印度哲學」時，知識分子們的關注往往仍帶有東方主義的色彩。黑格爾對印度的關注也未能避免這種批評。

但是多伊森不同，他屬於這些人的下一個世代。一八六四年，他進入伯恩大學，專攻哲學、神學與文獻學，同時開始學習梵文。他在《一般哲學史》的序論（第一卷第一冊，頁三六）中寫道，透過印度的方法來認識世界的好處在於，這使我們西方人清楚意識到，自己其實是被整個西方宗教與哲學的偏見所封閉，形成了一種狹隘的觀點。接著，他冷靜地指出：

黑格爾說掌握事物的唯一可能就是透過理性方法的建構；但是它（印度方法）讓我們察覺到，其實還有完全不同的方法存在。

多伊森批判黑格爾對事物的看法，這在某種程度上反映了他對自己視野的認識。既然如此，讓我們看看多伊森在《一般哲學史》中如何定位印度哲學。

《一般哲學史》中的印度哲學

以下大略列出有關印度哲學的《一般哲學史》第一卷各冊的架構。（編按：原著中相當於大標的章名前面並無數字編號，以下是為方便而加以編號。每章的標題皆按原文列出。）

第一冊「到《奧義書》為止的吠陀哲學」（全三三六頁）
印度哲學的第一期
第一章　讚歌的時代（《梨俱吠陀》）
印度哲學的第二期（前半）
第一章　梵書的時代
第二冊「各種奧義書的哲學」（全三六八頁）
印度哲學的第二期（後半）梵書時代的發展與終結
第一章　各種奧義書的哲學

多伊森在這裡將印度哲學的時期區分為三個時期，第一期為吠陀時代，第二期為梵書與奧義書時代，第三期為吠陀以後的時代。

將印度歷史區分為吠陀期與《吠陀》以後的時期，並將其界線定於西元前五百年左右，這在今日看來是一個相當合理的見解。一般認為，印度文明在西元前五百年左右迎來了第二次大變革。第一次大變革則發生在約西元前一千五百年，當時已衰退的印度河流域文明被來自印度西北部的雅利安人所滅。隨後，雅利安人從印度河上游逐漸遷徙至恆河流域東部並定居下來，他們所保留的聖典即是《吠陀》。

這些統稱為《吠陀》的聖典，包含了《梨俱吠陀》等主要部分，以及作為附屬文獻的梵書、森林書和奧義書等。雖然《梨俱吠陀》主要是對眾神的讚歌彙編，但在其末期編成的第十卷中可以看到一些堪稱「哲學」的思考，因此多伊森稱之為「印度哲學的第一期」。

隨後的梵書時代，則展現了基於吠陀祭典的世界觀發展出的獨特思考法。這種思考法以「梵我一如」此一最高原理來進行哲學闡述，而最古老的奧義書《大森林奧義書》和《歌者奧義書》的誕生大約在西元前七百年至西元前五百年左右，這被視為「印度哲學的第二期」。

吠陀以後的印度哲學發展

西元前五百年左右，印度迎來了重大的變革時期。隨著都市的成立、貨幣經濟的發展以及王權的伸張，累積財富的富裕階層力量日益強大。在這種情況下，獨占吠陀祭儀執行權並保持宗教權威的婆羅門（祭司）階級的地位相對削弱，這使得在吠陀勢力圈外誕生新的思想家與宗教家成為可能。其中最著名的便是佛教的創始者佛陀和耆那教的創始者大雄（摩訶毘羅）。這一時期也是印度教成立的時期，至今仍為印度宗教的主要部分。在這些思想中，共通的理念包括「輪迴」（生的循環）與「業」（因果報應），以及作為人生最高目標的「解脫」（從輪迴之苦中獲得解放）。

多伊森指出這個時期是「印度哲學的第三期」。圍繞這一時期，他考察了「敘事詩時代的哲學」、「佛教」以及「各哲學體系」三個主題。對於奧義書以後的印度哲學發展，多伊森單獨設立一章來討論「敘事詩時代的哲學」，這不禁令人佩服他的洞察力。

「敘事詩」指的是《摩訶婆羅多》，這部作品由全十八卷、十萬詩節所構成，堪稱世界上最長的文學作品。其主題圍繞婆羅多族的爭鬥，並輔以無數的插曲。這些文本是透過吟遊詩人的口頭傳承，經過多年累積而成，因此各卷、各章、各節的成立時期其實相當複雜地重疊在一起。一般認為，最古老的一層大約是在西元前四世紀完成，而目前所見的整體樣貌則形成於西元四世紀左右。

多伊森在《一般哲學史》第一卷第三冊出版之前，就選定了《摩訶婆羅多》的四個部分翻譯成德語，並於一九〇六年以《摩訶婆羅多的哲學文本》為題出版。其中包括《摩訶婆羅多》第十二卷，名為「解脫」（mokṣa）的章節，這一部分已經以萌芽的形式展現了印度哲學各種學說的多樣思想，並進行了各種對話與論爭。多伊森將此視為印度哲學的轉換期。

隨後，他在對「印度哲學第三期」的考察中，針對各種哲學體系詳細敘述。對於主要哲學派別以外的學說，則以翻譯十四世紀編纂的綱要書的形式介紹。關於「六派哲學」，多伊森根據各派的根本教典來進行論述。這「六派」分別是：勝論（要素分析）、正理論（邏輯）、

孔雀王朝時期的印度（約西元前三世紀）

彌曼差（推測）、數論（列舉）、瑜伽（專注）以及商羯羅的吠檀多派（這裡的六派排列是依照多伊森的敘述順序）。

這六派哲學在一定程度上認同吠陀的權威，因而被視為「正統派哲學」。因此，通常提到「印度哲學」時，主要都是在敘述這六派的思想史。然而，將六派視為「印度哲學的第三期」並作為一個整體來看，從今日的角度來看實在相當不合理。多伊森的時代區分在這層意義上，亦受到資料相對不足的限制。

然而，當我們重新審視多伊森的章節時，會發現在奧義書的第二和第三部分中出現了「世界」和「靈魂」這兩個概念。換句話說，以奧義書中的「世界」和「靈魂」為關鍵詞來探討古代印度哲學的特質，應該算是一個相當妥當的立論。在下一節中，我將儘可能依循原典來深入討論這個主題。

二、關於世界與靈魂

印度的哲學技巧

在前節末尾，我提到要盡可能「依循原典」，這是有原因的。如果僅用概論的方式來敘述古印度哲學，或許會發現其內容在表面上與古希臘哲學並沒有太大差異。因此，唯有透過原典來深入了解其思考法和論證方法，才能真正理解印度「哲學」的本來面貌。為了更進一步闡明這一點，以下將引用幾段較長的文字，以展現這一特徵。

印度的「哲學書」〔達爾夏那（Darśana）或者夏斯特拉（Shastra）〕最大的特點在於它們的哲學技巧。基本上，這些作品以對話的形式展開。作者首先針對一個主題提出自己的見解，然後提出對該見解的反論。這些反論可能是實際上由其他論者提出的觀點，或是作者自己假設的反駁。主張與反論交替進行，有時還會出現主張和反論交錯替換，或是其他論者加入討論。透過這種方式，最終會出現一個暫時性的結論，然後繼續批判和回應，最終達成一個稱為「定論」

的結論。

雖然這種議論方式源於《吠陀》時期的解謎論戰和神學問答傳統，但經過長年的整理，最終演變成了「邏輯學」。印度的「哲學書」大多以對話體或論爭的形式展開，幾乎沒有任何思想家會詳細描述某個主題的邏輯思考過程。因此，可以說這是印度哲學技巧的最大特徵。

另一個重要特徵是，這些對話或論爭所產生的多樣世界觀在古印度便已存在，並且允許它們共存。如前所述，西元前五百年左右是印度的變革期，當時的思想界可以與古希臘的詭辯者和古代中國的諸子百家時代媲美，形成了百家爭鳴的局面。在初期佛典中，當時的思想家被稱為「六師外道」（六位異端、非佛教思想的論述者），生動地描繪了他們的活動。

敘事詩《摩訶婆羅多》中所傳述的各種對話與論爭也體現了相似的情況。古印度人透過多樣的思考碰撞以及邏輯思考的合理性競爭，努力接近真理。當然，這些議論也受到不同學派的「傳統思考方式」（教條）的束縛，但他們以各種方式挑戰這些教條，並在共用合理的邏輯框架下展開討論，因此相對自由。這種有時被稱為「印度式寬容」的態度，也可說是古印度哲學技術的一個特徵。

「靈魂」（阿特曼）是什麼

那麼，我們首先從印度哲學如何思考「靈魂」這個概念開始探討吧！眾所公認，奧義書的中心思想是「梵我一如」。在這種思想中，「梵」（bráhman）指的是宇宙的最高原理，而「我」（阿特曼）則是個人（個體）的原理，二者在本質上是一致的。將「阿特曼」翻譯成「我」的傳統，可以追溯到自佛教經典開始漢譯以來的三世紀左右。近年來，有人嘗試用「自己」或「自我」來替代「我」，但其內涵基本上沒有改變。

另一方面，在日本研究印度哲學的著作或論文中，通常不會將「阿特曼」（Ātman）翻譯成「靈魂」。而在歐美，則普遍使用「靈魂」（Soul, Seele, âme）來翻譯這個詞。因此，「阿特曼」究竟是「靈魂」還是「自己、自我」（Self, Selbst, Soi），會因各個譯者對於該詞彙使用脈絡的理解而產生意義上的差異。然而，「靈魂」、「自己」與「阿特曼」這三個概念並非完全等同。正如接下來所見，「阿特曼」中既包含「靈魂」的層面，也包含「自己」的層面，並且有時這兩種概念會重合。

不管怎樣，既然本章的主題是「靈魂」，那麼為了與之對應，還是先將梵語的「阿特曼」定義為靈魂，再繼續我們的討論。因此，以下雖然會頻繁使用「阿特曼」這個詞，但讀者在閱讀時可以將其理解為「靈魂」，並在過程中確認這兩個概念在哪裡重疊、在哪裡有所偏離。

「阿特曼是什麼」這個問題在奧義書中反覆被提及。在一般認為成書於西元前六世紀之前、作為最初期奧義書代表的《大森林奧義書》中，毗提訶國王遮那迦詢問哲學家耶若伏吉耶：「阿特曼是怎樣的事物？」耶若伏吉耶對此問題的回答如下：

他是由認識構成的原人（puruṣa），在各種功能中，是心中的光。他同樣地進出兩個世界〔這邊的世界，與彼端的梵之世界〕……這個原人出生後，有了身體，也就與各種罪惡相連。一旦死去出離〔身體〕，便擺脫那些〔此世在生的〕罪惡。〔第四章第三節七。收錄於服部正明譯〈自己（阿特曼）的探求〉，《世界的名著（第一卷）：婆羅門教典——原始佛典》〕

同樣地，在《歌者奧義書》第八章中有這樣一段故事：眾神的代表因陀羅與惡魔的代表維羅遮那為了理解真正的阿特曼，前往拜訪造物主並展開修行。結果，只有經過百年修行的因陀羅獲得了這樣的教誨：「這個身體由死神掌控，必然會死亡。但它是不死的、無形的自我（阿特曼）的居所……我擺脫不完美的身體，完美的自我（阿特曼）將到達梵界。」

「靈魂」（阿特曼）的存在論證

在《奧義書》中，儘管仍留有神話的色彩，但阿特曼被視為攸關個人存在原理的認知主體。它一方面在此世以身體為居所，另一方面又是具有不死性的實體。對他們而言，提出「阿特曼是什麼」這個問題，毫無疑問並不是要懷疑它的存在，而是想真正理解作為永恆原理和不死實體的阿特曼，並期盼能夠親身體驗與宇宙最高原理「梵」的一體化。

可是，隨著西元前五百年佛陀的出現，他強烈主張「無我」，也就是否定阿特曼的存在。

為什麼會誕生這種否定阿特曼的觀念，我將在下面一節中簡單提及。不過，無論如何，佛教確實強烈主張「無我說」。或許這一觀點是受到吠陀失去權威的影響，當時人們對於永恆、不滅的實體存在無法再深信。在這種風潮中，正統派的哲學家們於是選擇不依靠神話，而是透過邏輯來論證阿特曼的存在。

傳統上，「阿特曼的存在論證」是由以邏輯學為基礎的正理論學派而進行的。該學派的根本教典《正理經》大約在西元三到四世紀左右成書，並延續了一千年以上的傳統。他們在擺脫神話色彩後，初期論證的形式大致如下所述：

> 《正理經》整體由五個篇章構成，在第一篇中，針對各個項目，用簡短的文句做了定義上的說明（定句）。在這當中，阿特曼被歸於「存在的範疇」（所量）之一。而在《正理經》的註釋中，阿特曼被解釋成「認知一切事物的主體、體驗一切事物的主體，（也就是）認知一切、經驗一切者」。在接下去的定句中，進行了有關阿特曼的存在論證：欲、厭惡、精進、樂、苦、知識等，是我（靈魂／阿特曼）〔存在〕的特點（表徵）。（定句十，收錄於服部正明譯，〈論證學入門〉，《世界的名著（第一卷）：婆羅門教典——原始佛典》）

「特點」指的是作為論證理由、用以從邏輯上證明事物存在的獨特特徵；換言之，就是

「因為人有欲望，所以阿特曼存在」。誰也無法看見阿特曼，阿特曼的存在無法透過肉眼來認知；換句話說，我們無法透過直接的感知來認識它。如果阿特曼存在，那應該能被感知，但既然無法被感知，就表示它不存在。然而，聖典中卻屢次提到「阿特曼」，這意味著我們只能透過聖典來了解它的存在嗎？對此，他們的回答是，如果以「欲望」這個內在體驗為依據，那麼就可以從邏輯上證明其存在。

在註釋中，對「欲望」有更深入的考察，我將以此為基礎來說明。在我的眼前，有一顆美味的蘋果；我對這個對象（蘋果）產生了「想吃的欲望」。這是因為基於過去對象（之前吃過的蘋果）所產生的經驗（美味），從而對現在的對象（眼前的蘋果）產生了渴求的「欲望」。換言之，過去經驗的記憶促使我對現在這顆蘋果產生想法；也就是說，毫無疑問，存在著同一個主體，將過去的經驗與現在的欲望連結在一起。

簡而言之，這裡要論證的是，在人作為同一個人的生涯中，儘管時間會變化，但必然仍有一種不會變化、具備自我同一性質的基礎存在，這就是「阿特曼」。順便一提，「自我同一性質」在梵文中對應的詞是「塔多阿特米亞」，這個抽象名詞源自「塔多．阿特曼」，意指「以之為阿特曼」的形容詞派生出來的。

從以上觀點來看，阿特曼既有作為永恆不滅實體的「靈魂」的一面，也具備保持自我同一性質、作為主體的「自己」的這一面。關於前者，可以參照奧義書，而後者則參照正理論學派的論證。然而，奧義書與正理論學派之間有著將近千年的間隔，在這段時間裡，對於阿特曼有著各式各樣的思考與探討。為了確認這一點，接下來我們將透過多伊森所定義的「過渡期哲學」，即敘事詩哲學，來看看阿特曼是如何被傳述的。

三、敘事詩中「關於靈魂」的論述

作為輪迴主體的「靈魂」與它的肉身

敘事詩基本上是為了倫理和教育目的而創作的文學作品，通常由吟遊詩人（或可稱為講道師）在公共場合詠唱。他們會針對共同體成員應該實踐的生活規範與目標，進行各式各樣的講述，但這些說法多來自他們在行腳過程中聽到的當時流傳的各種教誨和觀點。

作為敘事詩的代表作品，《摩訶婆羅多》在第十二卷「解脫」中，有幾個章節專注於「靈魂」（阿特曼）的主題。這一章的完成時期較其他篇章為晚，一般認為屬於最新的一層文本，並包含了特別多的哲學性議論與對話，使用宇宙論和生成論的語彙尤為突出。例如，關於離開這個世界而死去的身體後，阿特曼如何進入新的身體並與世界締結新關係的過程，就有如下的敘述：

阿特曼〔在人死亡之際〕脫離軀體，進入另一個軀體，別人看不見。他把軀體分解為五大元素（空、風、火、水、地）後，又進入另一個依靠五大元素的身體。靈魂作為持有身體之物（夏利林）直接占有虛空、風、水、火、地這五大元素，五種感官〔耳、皮膚、眼、舌、鼻〕以五大元素的特質〔聲、觸、色、味、香〕為對象……五種感官在作用於各自對象的特質的同時，也產生那些特質。五個特質依靠五大元素（虛空、風、火、水、地）。另一方面，這五個特質作為感官的對象，也依靠五個感官。所有這些都由心（瑪納斯）產生。心由理性（buddhi）而產生，而理性則由〔擁有身體（個我）的〕本性而產生。人的本性中，積累了〔前世的〕善業和惡業（karman，作為潛勢力而存在），而這些行為的結果會被本性帶入自己新的身體裡。前世和今生的各種業都由心而生，猶如魚是從〔適合生存的〕水流中誕生。

〔不動、不變的最高存在〕，正如移動的事物般進入眼簾；微小的東西宛如大東西出現在眼前，正如把形象當作本色顯現，最高存在（帕拉）就是這樣進入理性認識的範圍。（《摩訶婆羅多》第十二卷，一九五，一八—二三，中略）

本文前段使用「夏利林」一詞來代替「阿特曼」。夏利林意指「擁有舍利（śarīra，指身體）之物」。雖然是身體，卻是看不見的細微身體，也就是作為「靈魂的道成肉身（化身）」，與作為「物」的粗大身體之間呈現明確的對比，並明確表現出「作為個我的靈魂」這一特質。

另一方面，後段提到的與「夏利林」對比的「最高者」（帕拉），指的是作為最高原理的阿特曼，也就是離開身體的阿特曼。因此，本性的不動不變、微細之魂（阿特曼），透過擁有身體、進入物質界，以不斷變化、粗大、可見的形態呈現在這個世界上，這就是本文整體所要闡述的內容。

但在本文中，也可以清晰地看出對輪迴中自我同一性的解釋。靈魂（阿特曼）即使轉生獲得新的身體，作為身處輪迴中的主體，必然以與前世同一的主體形象與世界建立關係；如果不是這樣，因果報應的法則就會失去意義，道德規律也會崩潰。在此世的行為者及其所作的行為結果，必定會由同一者在別世中承受或享受。這正是「人在自己的新身體中，獲得前世的善業與惡業」。敘事詩的哲學如此將道德與宗教交織在一起，所使用的詞彙也往往模糊不清，但無論如何，它確實有意解決「自我同一性」的問題。

作為認知主體的「靈魂」

上面的引文中有「由……產生」這一說法，如果按照字義直譯的話就是上面的引文中提到的「由……產生」，如果字面翻譯，就是「……之後跟著出現」。在靈魂（阿特曼）逐漸呈現出粗大形貌的過程中，理性隨著靈魂的出現而來，然後是心，接著是五官，最終形成在現象界中的具體形象。在這裡描述的是一種生成論，展現了不可見的細微原理到心的運作，最終透過各種器官而生成粗大物質實體的世界發展過程。此外，以下的論述中，雖然我們在前面的正理論學派中已經考察過自我同一性的論證，但在這裡可以看到它前一階段的討論：

正如某種味道（特質）的土壤適宜於生長在其中的所有藥草的本性，一個同樣的理性會帶著過去眾多行為的結果，伴隨著個我的知覺（對象）。知識（認知）產生願望（想得知某種事物的欲望），願望產生意圖，意圖產生行動，行動產生成果。〔是故，〕成果具有行動性、行動具有可知性、可知具有認識性、認識以現在存在和不存在的事物作為其本性。一旦所有認識、所有認識行為的結果、應該在內心被認識的所有要素（慾望與意圖）和所有行動都消亡，便獲得神聖的果報（至福），即立足於認知對象的認識〔在這當中只存在著阿特曼〕。（同前揭書，一九九，五—八）

在此闡述的也是一種生成論，旨在透過因果關係來確保阿特曼不變的自我同一性。

現象世界與自我意識

在敘事詩中，雖然是從生成論的角度來討論阿特曼（靈魂）與世界的關係，但在前面章節中引用的文本後段曾出現這樣的論述：「阿特曼進入理性認識的範圍內。」換句話說，就是

「阿特曼可以透過理性觀察得知」。這裡體現了與生成論不同的觀念。

阿特曼這個本來不動的存在動起來，從微細之物轉變為粗大之物，而其本來的樣貌以可見的狀態出現，這一過程是能夠透過理性來觀察的。這並不是從存在論的角度，而是從知識論的角度來說明阿特曼。在敘事詩中，對於透過理性認識的過程，有以下的說明：

> 至高自我本性〔即阿特曼〕表現為理性，不會同時完全看到所有感官的對象，也不會在不同時間裡看到所有感官的對象。作為認識者，根據其能力而行動。因此，它是唯一的至高者（夏利林／個我）。（同前揭書，一九六，一後半—二）

在這裡需要強調的是，作為個體的認知主體並不是至高實在的阿特曼本身，而是理性。然而，理性對於作為感官對象的各種存在的認識並不完全。雖然先前提到過去行為的結果儲藏在新的身體內，導致輪迴的持續不斷，這是理性作用的結果，但從認識的角度來看，這其實是理性對對象所做出的不完全且錯誤的認識，換言之，「理性的過失」才是導致輪迴的原因。由此，我們可以看到敘事詩中與生成論不同的思考方式。

然而，將「理性的過失」即無明視為造成生存之苦和反覆輪迴的原因，正如眾所周知，是當時佛教強烈主張的論點。雖然以意識論來掌握世界是佛教的特徵，但在敘事詩的哲學中，也能看到類似佛教的論述；簡而言之，這是從主體認知的角度對世界的主觀論述。

在這種討論中，自我意識的觀念特別顯著。當然，「阿特曼」這個概念從一開始就並不缺乏這一層面。就文法而言，「阿特曼」這個詞也可以作為反身代名詞使用。最後，我引用奧義書中對自我認識的意識起源的描述：

> 在太初，這個世界唯有自我（阿特曼）。他的形狀似人。他觀察四周，發現除了自己，別無一物。他首先說出：「我在（阿漢．阿斯密）。」從此，有了「我」（阿漢）這個名稱（第一人稱單數代名詞）。（《大森林奧義書》第一章第四節，一）

這段描述陳述了自我意識（阿漢卡拉），即「自己對自己反射性認識的意識」的誕生，並涉及創造的神話。雖然在敘事詩《摩訶婆羅多》的「解脫」中也多次提到自我意識，但這些提及與前面所見的生成論背景不同，因此可以認為它們來自不同的來源。自我意識的擴展與「我執」或「增上慢」等意識形態密切相關，這使得無我論的觀念有可能發展出否定阿特曼的實在性。然而，將「理性的過失」引向這種意識論的議論也源自敘事詩，這是我最後要指出的。

（編按：文中的中括號為原文所無語句的補充，括號則是為了表示原文或說明而使用的替代。本文中所引用的譯文，也會遵循這個方針來改變原文。）

延伸閱讀

金倉圓照，《印度哲學的自我思想》（大藏出版，一九七四年）——針對從吠陀到各學派體系的「阿特曼」思想，基於文獻做出正確且淺顯易懂的論述。同時也一併論述了佛教中「我」與「無我」的問題。

長尾雅人編，《世界的名著1：婆羅門教典——原始佛典》（中央公論社，一九六九年）——從吠陀到各學派體系，乃至於原始佛典，是學習印度哲學最重要的原典，譯文正確且淺顯易懂。

辻直四郎，《奧義書》（講談社學術文庫，一九九〇年）——要瞭解奧義書的整體，這是經典而基本的文獻。

服部正明，《古印度的神祕思想》（講談社學術文庫，二〇〇五年〔原版為講談社現代新書，一九七九年〕）——從神祕思想的角度，以淺顯易懂的方式論述奧義書思想中「梵我一如」觀念的作品。

中村了昭，《摩訶婆羅多的哲學：解脫法品原典解明》（上、下，平樂寺書店，一九九八年、二〇〇〇年）——《摩訶婆羅多》第十二卷「解脫篇」的譯本。此外，茂木秀淳也自一九九三年以來，以「史詩的宗教哲學——〈解脫法品〉（Moks.adharma-parvan）和譯研究」為題，持續在《信州大學教育學部紀要》等刊物上發表相關研究。

色雷斯
拜占庭
馬其頓
阿布德拉
斯塔基拉
佛里幾亞
色薩利
拉里薩
萊斯沃斯
帕加馬
尤比亞
愛琴海
呂底亞
維奧蒂亞
薩第斯
哈爾基斯
德爾菲
底比斯
以弗所
雅典
薩摩斯島
卡里亞
科林斯
厄利斯
阿提卡
米利都
阿果斯
伯羅奔尼撒
斯巴達
尼多斯
羅德島
克諾索斯
克里特

伯羅奔尼撒戰爭時期的希臘世界（西元前四三一至四〇四年）

CHAPTER

six

第六章

古希臘——從詩到哲學

松浦和也

古代ギリシアの詩から哲学へ

一、古希臘——哲學發祥之地

何謂「哲學」

當我們想要理解一個語彙的意義，尤其是它最重要的意義時，其中一個方法是確認這個語彙的產生背景，包括它所處的時代和情境。若將這個方法應用於「哲學」一詞，我們便需要回溯到古希臘。畢竟，「哲學」的最初字源是希臘語「philosophia」。因此，古希臘對於「哲學」這一概念的理解，或許會令人感到一種特殊的獨占性。

在西方，這個語彙幾乎未經翻譯，原封不動地使用至今。然而，在日本的情況則有所不同。留學荷蘭的西周最初將它翻譯成「希哲學」，不過在他的《百學連環》（一八七〇年）中，開頭的「希」消失了，只留下「哲學」兩字；這個翻譯後來傳到以中國為首的東亞地區，直到今日仍被使用。然而，「希」的消失對我們東亞的人來說，或許並非幸事。「philosophia」是由表示「愛、抱有好感」的動詞「phileo」，與意味著「技巧」與「智慧」的「sophia」合成的語彙。如果用現代日語直譯，應該翻譯為「愛智慧」或「愛智」更為妥當。而「希哲學」中的「希」則相當於「phileo」，因此「希」的消失相當於隱藏了對哲學「熱愛」這一重要因素。

「愛」這個要素在哲學中重要的理由，可以從這個語彙誕生的軼聞中獲得確認。根據西塞羅（Cicero, 106-43 BCE）的《圖斯庫魯姆辯論》（*Tusculanae disputationes*）與第歐根尼·拉爾修留下的

《哲人言行錄》所述，最初使用「哲學」這個詞的，應該是著名數學家畢達哥拉斯（西元前五七二年至西元前四九四年左右）：

最初使用「哲學」、並稱呼自己為哲學家的人是畢達哥拉斯，他曾和西錫安的僭主雷昂對談。不過，彭提烏斯的赫拉克利德斯在《斷氣的女人》中，則說雷昂是斐利亞修斯的僭主。當時畢達哥拉斯說，除了神以外，沒有人稱得上是智者。將哲學賦予智慧之名、宣示哲學的人視為靈魂完整者、稱為智者，未免太過草率急躁；毋寧說，他們是歡迎智慧的人，也就是哲學家。（第歐根尼．拉爾修，《哲人言行錄》第一卷十二）

在這段軼聞中，畢達哥拉斯解釋自己不應被稱為智者（sophos），而應在前面加上「熱愛」（philo）兩字，也就是被稱為哲學家（philosophos）之理由。智者是靈魂已然完滿的人，但哲學家的靈魂尚未完成。另一方面，相對於唯一真知者的神，人是不可能成為真知者的。只是，我們仍可以成為憧憬智慧、迎接智慧並熱愛智慧的人；雖然我們無法達到智者的境界，但可以努力邁向智者之路。將這樣的人稱為「希求智慧者」，頗為合宜。

柏拉圖在《蘇格拉底的申辯》中提到的「無知的自覺」（understanding of ignorance），指的是蘇格拉底在智慧、人類及神之間的關係中所達到的境界。哲學（philosophia）這一詞語蘊含了對智慧的完整狀態與我們當前人類狀況之間距離的自覺，儘管如此，仍然渴望能在此過程中展現接近完整的狀態——這正是謙虛的渴望。因此，「愛與希求」的元素成為理解哲學及哲學家應有狀態中不可或缺的部分。

早期希臘的哲學家

我們對哲學的理解，源於活躍於西元前五至四世紀雅典的哲人，如蘇格拉底、柏拉圖和亞里斯多德。他們透過實際的哲學活動，賦予了「哲學」這個詞豐富的內涵（參見本冊第七、八章）。雖說如此，在他們之前，以東起小亞細亞、西至西西里島，鄰近波斯與埃及這兩個東西先進文明的愛奧尼亞地區為首，在這些地方的城邦與都市國家中，有各式各樣的哲學家在進行哲學思考了。

那些哲學家以前都被稱為「前蘇格拉底哲學家」，但近年來此稱呼被認為存在爭議，因此改稱為「早期希臘哲學家」。具體而言，早期希臘哲學家是指從泰勒斯（Thales of Miletus, ca. 625-548 BCE）開始，到與蘇格拉底同時代的德謨克利圖斯（Democritus, ca. 460-370 BCE）的這群人。「前蘇格拉底」這樣的稱呼之所以被認為有爭議，因為其中也包含了與蘇格拉底同時代的人。換言之，雖然「前蘇格拉底哲學家」可以用來指稱未受蘇格拉底影響的哲學家，但這樣的使用在表現手法和內容上實際上是有差異的。

早期希臘哲學家留下的思索，對於之後的希臘哲學巨擘確實產生了影響。在柏拉圖和亞里斯多德的著作中，常能見到這些哲學家的名字。然而，想要掌握他們思維的整體面貌實際上相當困難，因為他們並未留下完整的著作，其中甚至有些人完全沒有留下任何著作。

儘管如此，我們仍能了解他們的思考成果，這主要得益於除了希臘的思想巨擘之外，同時代的希羅多德，以及後世的西塞羅、第歐根尼．拉爾修等人，在自己的著作中也提及了這些哲學家。在這些著作中，有些是直接引用他們的著作，而有些則僅僅是傳聞；因此，即使是同一事件，流傳下來的資訊也可能各異。

雖然關於早期希臘哲學家的資訊中存在許多錯誤，且這些資料經過不同時代的多位作者以片段形式傳下來，但我們對大致情況已有了相當良好的了解。在這方面，由德國古典學者赫爾曼．迪爾斯（Hermann Diels, 1848-1922）編輯，瓦爾特．克蘭茲（Walther Kranz, 1884-1960）修訂的《前蘇格拉底哲學家片段集》（*Die Fragmente der Vorsokratiker*）。這份資料集彙整了迄今為止散見於各種著作中的引用和傳說，並根據哲學家來進行整理，將直接引用的片段與間接相傳的生平和學說資料分類呈現。該書於一九〇三年首次出版，並經歷多次再版，現在已達第六版。然而，考慮到該書出版已超過一世紀，並存在一些不完備之處，因此由安德烈．拉克斯（André Laks）與葛倫．摩斯特（Gleen Most）編纂的全九卷的《早期希臘哲學》（二〇一六年）正逐步取而代之。現在引用早期希臘哲學家的相關文章時，按照兩本資料集編纂者的姓氏頭一個字母稱為ＤＫ或Ｌ

M，並附上《片段集》的整理編號，已經成為世界慣例（本章採用最普及的DK編號）。

二、誰是哲學家？

探究原理的哲學觀

前面講到畢達哥拉斯創造了「哲學」這個語彙，但這段軼聞其實不太可信。這樣說的是彭提烏斯出身的柏拉圖學院成員赫拉克利德斯（Heraclides Ponticus, ca. 390-310 BCE），但他距離畢達哥拉斯活躍的時代，已經過了將近兩世紀的歲月，而在他之前，並沒有報告這種軼聞的文章出現。

傳統上認為哲學的始祖並非畢達哥拉斯，而是泰勒斯。之所以如此，理由是亞里斯多德在《形上學》中的記述：

> 最初從事哲學的人，多半是把材質這一類別中的原理視為所有事物的原理。（中略）可是，對於這些原理的繁多與種類，他們卻各說各話、莫衷一是。然而，這類哲學的始祖泰勒斯說水就是原理。（亞里斯多德，《形上學》第一卷第三章九八三b六—二一）

初期哲學家多半在探究一切事物的「原理」（arche），而這種探究則是始於泰勒斯。這裡的「材質」是亞里斯多德的術語，指的是構成事物的素材或材料。比方說，房子的材質就是石頭與磚瓦。這段引文中泰勒斯的主張是，儘管世上有形形色色的事物，但一切的終極根源都是來自水。

若是繼續閱讀《形上學》第一卷，就會發現亞里斯多德以「原理」為關鍵詞，巧妙地整理了之前哲學家的思想。包括和泰勒斯一同被分類為米利都學派、主張物的原理是空氣的阿那克西美尼（Anaximenes of Miletus, ca. 587-527 BCE）；以提倡萬物流轉說著稱、主張原理是火的赫拉克利特（Heraclitus of Ephesus, ca. 535-475 BCE）；主張原理是地、水、火、風四大元素，並加上引起生成變化的原理「愛恨」的恩培多克勒（Empedocles, ca. 495-435 BCE）；主張物的原理有無數，但引起生成變化的原理是知性（nous）的阿那克薩哥拉（Anaxagoras, ca. 500-428 BCE）；主張「沒有」或「無」不可能存在，只有一個不生不滅單一的「有」存在世間、屬於埃利亞派的巴門尼德（Parmenides of Elea, ca. 520-450 BCE）；以古代原子論者聞名的留基伯（西元前五世紀）與德謨克利圖斯；以「數」為原理的畢達哥拉斯學派；最後則是柏拉圖。亞里斯多德詳細介紹這些重要人物及他們各自的「原理」觀點。

當我們仿效亞里斯多德，把哲學家的課題視為「原理探究」時，我們大致可把早期希臘的哲學家整理成以下流派：

米利都學派：在小亞細亞地區興起的自然哲學，主要探究創造自然界事物的單一原理（泰勒斯、阿那克西曼德、阿那克西美尼等）。

畢達哥拉斯學派：畢達哥拉斯活躍於南義大利，因受其活動的影響而進行數學探究，認為數是世界秩序原理的一派。

埃利亞學派：在南義大利的埃利亞，巴門尼德與（埃利亞派的）芝諾提倡運動否定論，對之前的自然哲學大唱反調。

多元論者：與埃利亞派的議論呈現對抗之姿，認為創造自然界事物的原理並非單一，而是複數（恩培多克勒、阿那克薩哥拉、德謨克利圖斯等）。

以上的故事清楚描繪出早期希臘哲學的歷史。但是，我們該從這個故事的哪裡找到哲學呢？

詭辯者

從泰勒斯或恩培多克勒的主張來看，我們可能會認為他們並不是哲學家。這是因為「事物的原理是什麼」或「事物究竟是由什麼構成」這類問題，在現代通常應該由物理學家來研究。另一方面，亞里斯多德在很多場合並不稱他們為哲學家，而是稱他們為「談論自然者」或

「自然的研究者」。正因如此，儘管他們如今被視為哲學家，但也常常被稱為自然哲學家。

然而，或許這樣稱呼還算寬容。有時候，對於他們的觀點完全可以斷定為胡說八道，那麼他們就不再是哲學家或科學家，而只是單純的妄想家。至少在今天，像「一切都是由水所構成」或「世界是由地、水、火、風四種元素所組成」這類主張，除了作為修辭表達的方式外，大概沒有人會真正認同這種理論了吧！

早期希臘的哲學家在何種意義上可以稱為哲學家？以此為出發點，我們可以從與亞里斯多德不同的視角來說明這些人的特色。這個疑問是：「必須對事物的原理留下某種思考的人，才能被視為哲學家嗎？」為了探討這個問題，我們可以回顧歷史，特別從蘇格拉底的時代開始驗證。

此外，還有一個群體收錄在《前蘇格拉底哲學家片段集》中，但並未被亞里斯多德的《形上學》第一卷列舉的，這就是普羅塔哥拉（Protagoras, ca. 490-420 BCE）和高爾吉亞（Gorgias, ca. 485-380 BCE）等辯論家，即所謂的詭辯者（sophist）。

詭辯者作為職業知識分子或教師，經常被描繪成玩弄詭辯、導致希臘社會墮落的人物。這種描述主要源於柏拉圖和亞里斯多德對這群人的看法。在柏拉圖的《詭辯者》中，詭辯者甚至被定義為散播虛假言語的人。如果這樣的評價成立，那麼在哲學的歷史中，詭辯者只能充當襯托蘇格拉底等明星人物的反派角色。

然而，詭辯者也留下了一些看似抽象且富有哲學意義的議論。接下來引用的是高爾吉亞的著作《論自然與「不存在」》（*On Nature or the Non-Existent*）中流傳至今的一段：

如果有某種事物存在的話，那麼不是存在「有」，就是存在「沒有」，要不就是存在著「有」且「沒有」的狀況。「有」是不存在的事，接下來會加以證明；「沒有」是不存在的接下來也可以證實是正確的。不只如此，「有」且「沒有」也是不存在的，接下來也同樣可以得到證明。（DK 82B3）

高爾吉亞宣稱，他證明了「有」與「沒有」這兩者都不存在。在接下來引用的文本中，他分別針對「有」、「沒有」和「既有又沒有」的情況，提供了實際的證明。

普羅塔哥拉的萬物尺度說同樣是以「有」與「沒有」的方式來表達：

人是萬物的尺度，是使「有」成其為有、「沒有」成其為沒有的尺度。（DK 80B1）

就像這樣，「有」與「沒有」的概念深深植根於詭辯者們的思想中。

在這裡，「有」與「沒有」到底應翻譯成「有」與「無」，還是「存在」與「非存在」，仍有討論的空間。話雖如此，詭辯者具備運用抽象概念、將邏輯推理與思考相連結的能力，並能將其付諸實踐，這是無可否認的。

從這一點來看，相較於以泰勒斯為首的自然哲學家，詭辯者在抽象思考方面顯然更具優勢。因此，把他們視為更加哲學的一派，毫不奇怪。

埃利亞派帶來的轉機

在西元前六世紀的希臘哲學家中，並未看到這種以「有」與「沒有」的思考。然而，詭辯者的這種思維並非獨創；將這些概念引入哲學脈絡中的，是活躍於南義大利的埃利亞學派哲學家們。

講到埃利亞學派，或許很多人不熟悉，但「阿基里斯與烏龜」的悖論卻是廣為人知。這個悖論描述了飛毛腿阿基里斯無論如何都追不上烏龜的情境。原因在於，阿基里斯必須先到達烏龜原本所在的位置；然而，當他抵達那個位置時，烏龜已經稍微向前移動了一些。因此，阿基里斯接下來又必須到達烏龜現在的新位置；但當他再度抵達時，烏龜又已經進一步前進。如此重複下去，阿基里斯永遠無法真正追上烏龜。

提出這個悖論的是芝諾（Zeno of Elea, ca. 494-430 BCE）。為了區別於斯多葛派的創始者，我們通常稱他為「埃利亞的芝諾」。芝諾共提出了四十多個類似的悖論。根據柏拉圖在《巴門尼德》開頭的分析，他提出這些悖論的目的是為了支持他的老師巴門尼德的主張——「『有』是唯一的」。

將「有」與「沒有」引進希臘哲學的，正是巴門尼德。他的思考因為是以六步格（hexmeter）形式的詩流傳下來，所以極為難解，但是特別值得注目的，是他對生成變化的否定：

「有」後來是如何消滅的？如何誕生的？假使事物曾誕生，那也只是一種無；假使它將來會誕生，也仍舊是一種無。因此，生成會遭抹消，而消滅無聲無息。（DK 18B8 19-22）

「有」是不會生成也不會消滅的。如果將這個「有」理解為「存在」，那麼存在就是既不會生成，也不會消滅。其理由如下：如果存在是曾經生成的事物，那麼它必然是由存在以外的東西，也就是由非存在所生成。然而，既然非存在什麼都不是，便無法提供任何根據或必然性來證明非存在能夠產生存在。巴門尼德的思考運用了「有」與「無」這兩個高度抽象且邏輯性強的概念。

巴門尼德之後的哲學家，不得不去應對他的主張與議論。之所以如此，是因為如果「有」是不會生成變化的，那麼自然界就應該沒有任何生成變化，然而這一結論完全違反了我們的日常經驗。恩培多克勒和阿那克薩哥拉舉出物的原理是複數，德謨克利圖斯等古代原子論者主張原子與空虛是一切的根底，亞里斯多德則提出了著名的材質（matter）與形式（from）概念，這些都是為了反駁巴門尼德的思維基礎，也就是「有」是「一」。

另一方面，巴門尼德對於自然界中存在之物的原理究竟思考到何種程度，其實並不十分明確。在他否定生成與變化的過程中，似乎又提出了「光與夜」作為原理。然而，這與其說是在討論自然界可見的生成變化，不如說是在回答「我們如何獲得有關生成變化的認識」這一問題。

將巴門尼德視為哲學家的原因，並不僅僅在於他對「物的根本究竟由什麼所構成」的探討，更在於他對「有」的邏輯性和抽象性議論。如果我們把抽象思考的能力視為哲學家的特徵，那麼毫無疑問，巴門尼德應當被視為哲學的創始者。

三、從詩到哲學

從詩到哲學？

從抽象性這點來看，未受巴門尼德影響的早期希臘哲學家似乎思考的深度上有所不足。既然如此，若要稱他們為哲學家，那又基於怎樣的意義呢？要回答這個問題，我們必須先探討一個根本問題：如果有人對原理留下了某種想法，這樣的人是否就能被視為哲學家？

先前引用的亞里斯多德《形上學》段落，接下來說，「最初討論眾神之事的這些人」與泰勒斯有一樣的想法。「這些人」指的應該是荷馬（約西元前八世紀）與海希奧德（約活躍於西元前七百年）。然而，他們的思考是以神話形式來書寫的，例如歐開諾斯（Oceanus，被神格化的海洋）、特提斯（Tethys，被神格化的河川）是萬物的父母。再繼續閱讀《形上學》，我們會發現亞里斯多德介紹了許多並非探究「事物究竟是由什麼構成」的人，他們研究的其實是事物的起源。在這段篇章的開頭，亞里斯多德開宗明義就說，「最初探究這點的人，可能就是海希奧德吧！」

儘管如此，他們畢竟是詩人，而不是一般認為的哲學家。如果這種看法正確，即使他們留下了對起源的思考，也並不意味著他們具有哲學家的資格。既然如此，這些「最初討論眾神之事的人」與哲學家又有什麼不同呢？

希臘哲學形成的脈絡，常常被解釋成「從詩到哲學」。除此之外，還有「從神話到邏各斯」，亦即從傳說與神話的世界觀中脫胎換骨，邁入理性與科學的世界觀。只是，真的能夠如此簡化哲學的誕生過程嗎？現在有許多人對此抱持懷疑。在此無法詳細介紹與檢討正確與否，但可以提出幾個值得注意的地方。

首先，在哲學形成的過程中，並沒有產生敘述形式的變化。荷馬和海希奧德的作品都是以押韻詩的方式流傳下來，而哲學文本也未必僅限於詩以外的形式，例如散文書寫。巴門尼德和恩培多克勒也以詩的形式表達他們的思考。因此，儘管散文的發明對哲學的發展有一定程度的貢獻，但並不意味著這種表現形式的變化是哲學誕生的催化劑。

第二，在哲學形成的過程中，并非只是將用詩表達的內容用更明快易懂的方式重新表述。當然，「首先敘述眾神的人們」以神話和詩的手法來表達，例如荷馬在《伊利亞德》中描繪的歐開諾斯形象，應該對主張「大地在水之上」的泰勒斯產生了影響。然而，在隨後的哲學發展中，我們並未看到太多使用詩歌題材的痕跡。換句話說，哲學的誕生並非源於詩的解釋。

第三，哲學形成的過程並不一定是將神與精靈等神秘要素排除在思考之外。確實，從「萬物皆充滿眾神且有靈魂」的泰勒斯思想，到阿那克薩哥拉所表明的「太陽是灼熱的鐵塊」，這一過程展示了從神話世界觀轉變為科學或唯物論世界觀的良好範例。然而，總體來看，早期希臘哲學家並不排斥談論神或與神相關的事物。巴門尼德的詩中，針對「有與沒有」來嚴密議論的正是女神。恩培多克勒為了表明自己是神，甚至飛身投入埃特納火山口，這個有名的逸聞雖然稍顯戲劇化，但也顯示出哲學家與眾神的關係並未斷裂。不僅如此，蘇格拉底之後，柏拉圖和亞里斯多德也經常提到神。說到底，所謂哲學就是透過對比神所擁有的完全智慧形式與人所持有的不完全智慧來加以解釋的產物。

從數學到哲學的故事

如果要將荷馬與海希奧德排除在哲學家之列，那麼早期希臘哲學家被視為「哲學家」的理由又是什麼呢？讓我們試著從另一個面向來看早期希臘哲學家的共通點。

如果僅從他們的主張來看，早期希臘哲學家闡述的內容相當五花八門，探究的對象也多彩多姿，因此很難找到他們之間的共通特定信念。然而，有一個值得注意的地方是，他們的傳記中留下了不少關於數學和天文學的成就。比方說，泰勒斯就有「泰勒斯定理」（Thales' theorem）這個冠上他名號的定理。儘管實際發現這個定理的人未必就是泰勒斯，但從他測定金字塔高度及為了觀測天文而掉入井中的逸聞中，可以看出他在數學與天文學方面的確具有相當的素養。而繼承他的米利都學派，若說從泰勒斯那裡繼承了什麼，天文學和數學必定是其中重要的一環。事實上，被認為是泰勒斯弟子的阿那克西曼德據說發明了日晷，並發現了夏至和冬至、春分和秋分。

畢達哥拉斯及其學派對數學的重視無需贅言。最具象徵意義的一點是，英語中表示「數學」的「mathematics」一詞，其語源來自於意味「學習」的動詞「manthano」，並用來指稱「學識」。因此，繼承畢達哥拉斯思想的學派也被稱為「學識派」（mathēmatikoi）。

另一方面，如果我們相信巴門尼德與畢達哥拉斯派學者之間有深厚交情的傳說，那麼他應該也具備數學方面的素養。其弟子芝諾所提出的悖論中涉及無限分割等數學知識就是一個證據。此外，恩培多克勒也被認為是畢達哥拉斯派的一員，至今仍流傳著阿那克薩哥拉在獄中成功地將圓形正方形化（畫出與圓同面積的正方形）的逸聞。

當然，這些傳聞中有些的可靠性較弱，而且說到底，數學仍應與哲學有所區分。然而，透過數學和幾何學的實踐，創造出自己的思考方法，或許這正是被視為「哲學家」所必需的素養。關於這一點，柏拉圖在《理想國》第七卷中就暗示，培養哲學家的教育課程應該由數學性質的學科構成。

只是光憑哲學家都具備數學素養這一共通點，並不足以解釋希臘哲學的發展。若數學是哲學的基礎，那麼在美索不達米亞或埃及等發展更高的地區，理應出現哲學的萌芽。事實上，據說有不少早期希臘哲學家為了學習數學而遠赴埃及。

關於這個問題，可以從一個令人驚訝的事實看出端倪，那就是在這些地區的數學中幾乎看不到證明的存在。換言之，從已知的公式和定理中發現新的數學事實，這是古希臘獨有的特點。從這一點來看，哲學家所應具備的數學素養，是為了從單純的前提引出其他事物，並對檢驗此引出的過程，正是利用了我們熟知的數學思考流程。

從詩到哲學的故事

即便早期希臘哲學家具備了數學素養這一共通基礎，仍不足以充分解釋希臘哲學的發展。

原因在於，從數學思考得出的結論應該會大同小異，但早期希臘哲學家的主張卻異常多元，這又是為什麼呢？

這種主張的多元性，說到底是因為希臘並不存在某種不容懷疑的特定教誨。當然，人們會貫徹老師的教誨，也會支持老師的學說。例如，芝諾堅決擁護他的老師巴門尼德的「有」之教義。在畢達哥拉斯學派中，也有一派稱為「聽從派」（Akousmatikoi），與「學識派」不同，他們堅決捍衛畢達哥拉斯的宗教教誨。然而，從整體來看，在早期希臘哲學家之中，仍然看不到一種作為主軸的共通見解。

我認為，荷馬和海希奧德也受到類似的待遇。確實，他們的詩是希臘人共同的文化基礎，但這些詩並未像《吠陀》或《聖經》一樣，被視為一種「聖典」。哲學家們完全看不出把詩所傳述的世界與自身見解的矛盾視為問題的痕跡。儘管他們可能會引用荷馬的史詩來證明自己見解的正確性，但卻沒有將荷馬的話視為絕對唯一的痕跡。相反地，像色諾芬尼（Xenophanes, ca. 570-470 BCE）和赫拉克利特則是以荷馬與海希奧德的批判者而著稱。換言之，對早期希臘哲學家而言，詩中所傳述的內容是可以檢驗甚至否定的。

缺乏可以依靠的權威，意味著沒有象徵數學公式或定理那樣，可以作為考察出發點的共通基礎。這一基礎的缺失，造就了早期希臘哲學的多元性；簡而言之，把原理的探究視為考察的起點，在這種條件下首次成為可能。不僅如此，沒有任何哲學家的探究成果可以成為權威，這些成果本身都需要進一步的驗證。在米利都學派中，出現了「水、無限、空氣」等關於「原理」的對立。而在這些驗證中，也出現了像巴門尼德這樣的人，對我們在無意識中依賴的基礎深入探究與驗證。

從這一點來看，巴門尼德以前的哲學家之所以被稱為「哲學家」，與其說是因為他們進行抽象的議論，不如說是因為他們不僅沒有將詩所傳述的內容與先前提出的各種見解毫無批判地當作權威，反而對其驗證並提出其他可能性。正因為他們在思考中秉持著這種態度，所以才堪稱為「哲學家」。

四、「早期希臘」的困境

「哲學」（philosophia）這個詞彙源於希臘，這一事實使我們不禁產生期待，希望能在早期希臘的哲學家當中看到它的實踐原型。然而，看到這裡為止，我們或許會感受到實際情況與我們所想的「哲學」之間存在著不小的落差。

說到底，關於早期希臘哲學家的哲學史會引發一個問題，那就是「我們該如何認識哲學？」傳統的做法是以亞里斯多德的記述為出發點，但這也僅僅是其中一個選項而已。當我們選擇遵從亞里斯多德的時候，就必須贊同他對「哲學」的理解。當然，他的哲學觀也並非完全錯誤，畢竟原理的探究本身就包含在哲學活動之內。然而，被他排除在外的詭辯者，從某種角度來看，亦是堂堂正正的哲學家。既然這些人在早期希臘到蘇格拉底與柏拉圖之間發揮了橋梁作用，那麼在哲學史中就不得不提及他們。

此外，要鎖定這些人共通的探究對象與主題，難度也非常高。確實，有不少早期希臘哲學家探究了「世界」的原理，但這並不是他們全體的共通主題。赫拉克利特和詭辯者則更著重於探究「人類」的原理。即使同樣是探究原理，也有像泰勒斯、赫拉克利特、恩培多克勒這樣把「靈魂」放在首要地位的哲學家，但也有對「靈魂」這一主題興趣淡薄甚至幾乎沒有興趣的哲學家。

在早期希臘哲學中探索哲學的原型，我們還面臨一個困境，那就是對哲學的理解本身尚不成熟，但我們卻必須執行「哲學家的資格審查」。一般印象中，我們會把「以抽象概念進行思索」視為哲學思考的典型，但在本章中呈現了不同的哲學形象。本章所描寫的是一種在沒有權威的情況下，以數學思考為立足點之一，摸索可以奠定基礎的知識，充滿求知渴望的活動。然而，這也僅僅是以某種哲學觀為基礎而引導出的見解。

儘管如此，我們仍然可以確切地說，早期希臘哲學家並未將詩視為闡述真理的權威，而對詩保持自由的批判態度，這正是該時代哲學誕生的條件之一。

延伸閱讀

內山勝利編，《前蘇格拉底哲學家片段集》（第一至五分冊＋別冊，岩波書店，一九九六－一九九八年）——迪爾斯和克蘭茲主編，*Die Fragmente der Vorsokratiker*（第六版）日譯本。因為是資料集，要通讀出一個完整的故事相當困難，但仍是談論早期希臘哲學家最重要的文獻。二〇一六年安德烈．拉克斯與葛倫．摩斯特共同編纂了新的資料集《早期希臘哲學》（英語對譯版，洛布古典叢書，全九卷），今後也當一併加以參照。

第歐根尼．拉爾修，加來彰俊譯，《哲人言行錄》（上、中、下卷，岩波文庫，一九八四－一九九四年）——西元三世紀第歐根尼．拉爾修所留下的、敘述古代希臘羅馬哲學家學說與生涯的著作，原名為《以哲學著稱之人的生涯與學說》。雖然有很多可靠性頗成問題且相當滑稽的軼聞，但仍是瞭解早期希臘哲學家的資料之一。

神崎繁、熊野純彥、鈴木泉編，《西洋哲學史Ｉ：從「有」的衝擊談起》（講談社選書métier，二〇一一年）——和通常的希臘哲學史相異，不是從泰勒斯，而是從巴門尼德開始談起，是其最大的特色。正如副標所示，在理解埃利亞派對此後哲學思考的影響上是相當重要的著作。

廣川洋一，《前蘇格拉底哲學家》（講談社，一九八七年／講談社學術文庫，一九九七年）——

和上一本書相反，是把海希奧德當成哲學的先驅，從他開始談起，一直詳細敘述到德謨克利圖斯和普羅塔哥拉。和亞里斯多德的學術史傳統保持一定距離，也就是不把早期希臘哲學家都當作自然哲學家來考察，是本刺激思考的名著。

科克（G. S. Kirk）、雷文（J. E. Raven）、史柯菲爾德（M. Schofield），內山勝利、木原志乃等譯，《前蘇格拉底哲學家（第二版）》（京都大學學術出版會，二〇〇六年）——一九八三年刊行的 *The Presocratic Philosophers: A Critical History with Selection of Texts*（Second Edition）日譯本。對難解的記述以分析方式加以徹底剖析，是研究早期希臘哲學的基礎書籍之一。

專欄二

黑色雅典娜論戰　納富信留

所謂「黑色雅典娜」，指的是一些論者提出的觀點，即希臘神話中的女神雅典娜，實際上出身於非洲的黑人。這一論述具有極大的挑釁性，自然引發了激烈的爭辯。提出這個問題的是英國歷史學家馬丁．伯納爾（Martin Bernal, 1937-2013）。以一九八七年發行的《黑色雅典娜：古典文明的亞非之根（1）：編造古希臘一七八五─一九八五》（片岡幸彥監譯，新評論）為開端，接著是《黑色雅典娜（2）：考古學和文獻證據》（上、下，金井和子譯，藤原書店），以及二〇〇六年刊行的《答對「黑色雅典娜」的批判》（上、下，金井和子譯，藤原書店）。在這一連串的論述中，有許多論者接受伯納爾的挑戰，展開了熱烈的議論。

伯納爾主張，迄今為止被視為「白人」產物的古希臘，其實是埃及和腓尼基的殖民地，其起源並非印歐，而是亞非。他認為，將古希臘視為雅利安人、即印歐語族的文明，是近代歐洲特別是自十八世紀末以來德意志文獻學流傳的「雅利安模式」，這種觀點帶有種族歧視的歷史背景。在整場論戰中，伯納爾廣泛引用了考古學、語言學、歷史學和神話學等知識，以強化自己的主張。事實上，古希臘人也認為自己的文明起源於埃及，哲學之祖泰勒斯則傳說是腓尼基人，因此古希臘與亞非先進文明理應被視為具有連續性。

伯納爾顛覆了傳統上對女神形象的理解，認為她不應該是「金髮、碧眼、白膚」，而力圖根本改變歐洲對古希臘文明的認知形象，並批判歐洲中心主義和白人優越主義。他主張「古代非洲有文明」，這對文明史構成了挑戰。然而，因為他對人種歧視的指控過於激烈，導致他遭到強烈的批評和反擊。實際上，伯納爾的論述被批評為牽強附會，證據不充分，因此他的結論難以被廣泛接受；但毫無疑問，他的作品對西方文明起源的一些不證自明的觀點提出了根本質疑，這一點是重要的契機。

在來自四面八方的批判中，有一部作品是埃及學者揚・阿斯曼（Jan Assmann）於一九九七年發行的《摩西這個埃及人——西方一神論中對埃及的記憶》（*Moses the Egyptian: The Memory of Egypt in Western Monotheism*，安川晴基譯，藤原書店）。阿斯曼在書中提起了「記憶史和事實史的區別」這個本質性的問題（頁三一—三四）；他批評《黑色雅典娜》第一卷對「雅利安模式」在記憶史方面進行了有效的解構，但在第二卷卻突然轉向事實史的層面。對這兩者的不同理解不當，會導致對記憶史的膚淺歷史批判。這場挑釁的論戰所帶來的觀點，無疑是相當豐富的。

CHAPTER

seven

第七章

蘇格拉底與希臘文化

栗原裕次

ソクラテスとギリシア文化

一、從世界到靈魂

起源思想的共時性

西元前六到五世紀左右，世界各地都展開了活躍的知性活動。這些活動產生的思想，我們今日稱之為「起源思想」。這些思想與其說是在技術上應對威脅人類生存的環境與世界變化，不如說是遠離實用，從原理上探究世界的根本樣貌。隨後，它們衍生出形形色色的分歧，為現代思想提供了取之不盡的泉源。在起源思想中，提問者不僅追問世界的「始源」，更關注提問主體本身的知識形態。比方說，古代中國的思想家孔子就說，「知之為知之，不知為不知，是知也。」（《論語》為政篇，岩波文庫，金谷治譯註）這句話的意思是，無關於對對象的知或不知，應該要清楚辨別自己的知與否，也就是將關於自己的知加以主題化。在古印度，佛陀則指出我們對世界真理（緣起之法）的無知（無明），正是令人感到苦惱的原因；因此，察覺到自己的無知，正確了解緣起之法，就能夠達到悟的境地，也就是教誨眾人要重視自己的問題，以此作為克服對世界無知的契機。

在古希臘，赫拉克利特一方面認為世界（to Pan）是保持著美的秩序與和諧的宇宙，另一方面也探索作為微觀宇宙的「自我」（片段集DK101）。接著，他用「靈魂」重新定位自我。他說，「就算你沿著各種道路展開旅程，你也沒辦法探究靈魂的最深處。靈魂就是如此深刻的道理。」（片段集4SDK）他在這裡暗示的是，對於自我和靈魂的樣貌，我們不能用對世界的扁平方式去掌握，而是該用一種具備深度層次、立體的知識形態去看待。

古代先賢幾乎在同一時期，將關注焦點從世界投向自我與靈魂；這是「世界哲學史」的一大不可思議，要理解這種起源思想的共時性（synchronicity），首先就必須在承認作為各自思想背景的風俗與社會體制差異的基礎上，去追問為什麼在相異的環境世界中，會產生出類似的動向？我們必須一一蒐集個別事例，仔細分析各事例獨特的淵源及本質。在不斷累積這種作業的同時，我們或許就能透過對複數事例的同質性、異質性、類似性的相互比較，來發現某種思考的共通「模式」（pattern）。這就是「世界哲學史」這項挑戰的醍醐味之所在。

本章將考察古希臘哲學家蘇格拉底。蘇格拉底生活在西元前五世紀，正值雅典城邦的民主政體時期。他親眼目睹了這一重要時代的興盛，並在與民主政治的衝突過程中，徹底實踐了哲學家的生存之道。本章將作為「在知識活動源流中，思考人類如何面對世界、靈魂與自我」的經典案例，來探討與雅典民主政治對峙的蘇格拉底哲學。

民主城邦雅典的理念與現實

雖然從希臘哲學的譜系來看，在探究自我的意義上蘇格拉底是赫拉克利特真正的繼承人，他並沒有從「萬物的根源」或「萬物流轉」等自然哲學的角度來觀察世界。相反地，正如同一般對他的歸類所示，「從自然到人類」這句話表明他關注的是人與人結合而成的城邦共同體。對蘇格拉底而言，世界並不是位於彼岸、作為知識的客觀對象被觀察和分析的自然，而是與他者共存、實現自我幸福的生活共同體。在這層意義上，蘇格拉底堪稱是遠離了自然世界，轉而與城邦這一人類世界一起深入探究自我的靈魂。

那麼，蘇格拉底所處的人類世界——雅典，又是怎樣的社會呢？雅典在西元前六世紀經過克里斯提尼（Cleisthenes）的改革後，樹立了民主制度，並在歷經前五世紀的波希戰爭與伯羅奔尼撒戰爭後，邁向獨特且成熟的民主政治。支持民主政治的原理是自由和平等，成年男性公民不論身分高低，都有平等參與政治的自由。既相異於波斯由國王主導的專制體制，也與同屬希臘的斯巴達集體統治大不相同，雅典最大的特徵，就是開創了人類史上首次嘗試直接民主政治的時代。

可是就現實面而言，雅典的自由平等理念其實在其內部深埋著極大的裂痕。先不論女性、孩童、異邦人、奴隸等非城邦公民無法獲得參政權的制度問題；地位上平等的公民們，在參政能力上卻有著顯著差異，這都造成嚴峻的現實問題。對於這點，我們必須將目光投向政治內部並予以確認。

當時的雅典社會，就像被形容為「男人的世界與女人的世界」那樣，公共場域與私人場域可說是涇渭分明。執掌政治的公共場域，其中心是公民大會（Ekklesia）、劇場與法庭這三個空間，最重視的是依照少數服從多數原則，透過言語來說服大多數的人。在決定城邦政策的最高機構——公民大會上，只要有意願，任何人都可以登臺表達意見，但若不說服公民們，就無法做出軍事和外交上的決定。因此，透過演說讓人們認同自己的意見，從而推進政策的雄辯家，就被視為「政治家」。另一方面，不用說說服的言論在裁定是否正當的法庭上很重要，但在雅典，劇場也是一個言論競賽的場合。特別是在酒神祭中，每次都會有三位悲劇詩人透過上演作品，對觀眾訴諸具說服力的話語，為優勝而競爭。

然而，說服是讓他人接受你的意見，讓他人認為你對某個議題是有見解的。即使實際上你並不真正瞭解，如何評判知識才是關鍵。在希臘語中，有一個用來表示「意見、聲譽、評判」的便利詞彙，就是「doxa」，而這個詞彙也是英語「orthodox」與「paradox」的語源之一。簡言之，在以自由平等為宗旨的雅典政治中心，能不能用具說服力的語言來獲得公眾的認同，區分了兩種類型的公民：第一種是在公共場域中透過巧妙的言語操作，讓城邦公民認可自己的意見、從而贏取高度評價的政治家（雄辯家）、詩人；第二種是自己無法產生具說服力的話語、只能聽取政治家和詩人意見再做評判的大多數人，也就是大眾。蘇格拉底生活的公共場域，實際上是個建立在公民在政治上有著差異的、具有雙重結構的社會。

智慧的教師與「派地亞」

當然，在公民大會、法庭、劇場等公共場域中不斷發表的說服話語與意見（doxa），也反映了包含習俗、道德、宗教在內的整個城邦文化。在公民大會中，圍繞對城邦好的（善）與不好的進行議論，法庭則是依照法律與習慣，做出正義的裁決。至於詩人，則是透過英雄與合唱隊（khoros）的話語，來展現人類的行為與生存方式的美醜。眾神也會登場的悲劇祭典是國家的宗教活動。在公領域活躍的政治家與詩人作為「城邦文化的推手」，理應明白對人類而言攸關重要的善、美與正義為何。在公眾的評判（doxa）中，這些人正是在重要事務上擁有相關智慧的人物，與具有專門知識和技術的「專家」不同，更直截了當地說，他們就是「智者」。雅典的公共場域，就是一個智者作為文化推手，用各種智慧話語教育大眾的場域。

在城邦中心做為文化推手而享有盛名，是上層富裕公民子弟嚮往的成就。當時，教育孩童與年輕人的第一線場所，是以「家」（oikos）為中心的私人場域。對於正當不正當、美醜、虔誠不虔誠，雅典公民的孩子從年幼時期開始就受到雙親與乳母接受直觀式教育，知道「這樣很好」、「這樣不行」。一旦不服從，就會遭到斥責或體罰，並被矯正。上學之後，也會被通曉讀寫的教師強迫背誦優秀詩人的作品，為了要他們仿效故事中登場的英雄。實施音樂和體育教育，也是為了要求他們具備節制和勇氣的德行（參見柏拉圖，《普羅塔哥拉》三二五C—三二六C）。

雖然公民所需要的德行是這樣教育的，但在富裕人家的子弟中，也有人為了將來從政，用重金聘請家庭教師，以求能獲得成為文化推手的智慧。家庭教師是從希臘各地雲集到強國雅典的詭辯之士（sophist，參見本書第六章與第八章）。普羅塔哥拉和高爾吉亞等作為「智慧教師」的詭辯家，雖然承諾在「家」這個私人場域中，從善、美、正義的教育開始，讓年輕人具備能展現最高道德的政治技術，但實際上他們教授的都是辯論術，也就是說服性言論的使用方法。受詭辯者教育的年輕人成為具備「智慧」的政治領導者，然後登上城邦的公共舞臺，開始對大眾說服與教育。

希臘語中的「派地亞」（paideia），除了教育和教養，還有文化的意思。可以說，在蘇格拉底生活的西元前五世紀的雅典，文化推手與大眾、孩童、年輕人橫跨公私領域，在攸關善、美、正義與道德方面，透過派地亞牢固地團結在一起。派地亞就像是普通到不會意識到它的存在、但沒有它就無法存活的空氣一樣，在每天的生活當中，養育、教育著人們的靈魂，並培養出對城邦有用的公民。從世界和靈魂的關係來說，這是城邦這個人類世界透過「派地亞」，在公私兩面形塑公民靈魂的時代。

二、民主城邦的哲學家蘇格拉底

蘇格拉底的半公共生活方式

本章的主角蘇格拉底，就是生活在這樣一個時代。相傳蘇格拉底的父親是石匠，母親是助產士，雖然因為貧窮而曾經接受友人的接濟，卻仍然作為上層公民過著基本衣食無缺的生活。在政治方面，蘇格拉底在壯年時期曾經三度以重裝步兵身分出征國外，以及曾於前四〇六／五年時一度擔任公民大會的準備機構——行政議會的議員，除此之外並沒有展現積極參與公共事務的態度。話雖如此，蘇格拉底並非眾人眼中討厭政治、只專注在私人場域，亦即從事讓自己的「家」富裕起來的經濟活動之人。他在遭起訴的審判開頭辯白說，自己既不是在政治上的公共空間，也不是在經濟上的私人空間，而是在半公共（semi-public）的場域——廣場（agora）專心談話以度過時間（柏拉圖，《蘇格拉底的申辯》一七C，以下簡稱為《申辯》）。蘇格拉底在二元對立的公私領域之間，尋找政治和生活連接混合的一個邊界空間，並將其作為哲學的舞臺。

那麼，蘇格拉底活動的半公共場域——廣場，是怎樣的場所呢？位於雅典衛城山麓的廣場，是人潮雲集、進行商業交易與議論的開放場域。蘇格拉底在這裡「不分年老年少、異邦人或城裡人，也不分有錢人與富人」，和他們「一個個」不斷對話。這種一對一的對話活動，明顯具有政治意涵。在一個人試著說服多人的公民大會、法庭、劇場等公共場域，雖然只要是公民，就有自由登臺發言的平等權利，但就現實來說，因為「是否口才具備說服力」而存在能力落差，所以欠缺說服力的意見不會被接納。換言之，這是一個身為文化推手的「智者」教誨大眾、一對多的人際關係所支配的場域。

相對於此，廣場則完全不問年齡、國籍或經濟狀態。在這裡，無論是商品與通貨的交換，還是言語與意見（doxa）的交流，皆與當事人的屬性無關。透過非單方面的言語和意見交流，為自由和平等提供了新的定義。蘇格拉底所創造的一對一平等對話關係，不因對話者的身分或屬性而限制參加資格。在不受限制地表達自身意見（doxa）的意義上，這種關係是「自由」（parrhesia）的。民主政治的原理——自由和平等，得以在廣場這一政治空間中真正實現。

但為什麼蘇格拉底要實踐自由和平等的對話呢？他並不是以政治家的身分企圖推動城邦的變革。相反地，貫徹哲學正是使他成為民主政治的哲學家和政治家的原因。只要我們側耳傾聽他在西元前三九九年因「瀆神」而被起訴的審判中如何自我陳述，就可以明白其中的詳情。

「德爾菲神諭事件」與無知的自覺

接下來筆者所依循的是柏拉圖以蘇格拉底審判為主題所寫的《蘇格拉底的申辯》中的敘述（二〇C—二三C）。蘇格拉底自己並沒有寫下任何著作，他的言行都是透過弟子們的作品流傳下來的。

蘇格拉底在廣場的對話，莫名地讓他得到了「智者」的評價。他的一位朋友凱勒豐（Chairephon）為了確認這件事的真偽前往德爾菲，結果從當地祀奉的阿波羅神獲得了「沒有比蘇格拉底更具智慧的人」這個神諭。蘇格拉底對此大為詫異，將神的話語當成一種「謎」。根據神諭，蘇格拉底是人類當中最優秀的智者，但是他卻一點不覺得自己擁有智慧。自覺並非智者的他，卻被信賴的神認定是智者。從這裡遂產生出一個關於自我認同的疑問：「我到底是什麼？是智者，還是非智者呢？」對此問題的思考使蘇格拉底成為哲學家，就像「認識你自己」這句箴言所說的一樣，與德爾菲神諭相遇，對他而言是一起決定性的「事件」。

對蘇格拉底來說，「我是什麼」這個問題，和人類的年齡、國籍、經濟狀態都沒有任何關係。至於性別差異，由於他也會向迪歐提瑪（Diotima）和阿斯帕西亞（Aspasia）等女性學習，因此對他而言也不構成問題。在自由與平等的場域——廣場中的對話是與人的屬性毫無關係。相反地，具備各種屬性的自己，在靈魂中質問「我到底是誰」，其實是個關於智慧的提問。然而又是依據什麼樣的智慧，才能夠說出「我就是我」這句保證靈魂同質性的話呢？

於是，蘇格拉底為了尋找智者，在雅典四處奔走。他希望透過與被公認為有智慧的人對話，若能找到比自己更有智慧的人，就能駁倒神明，回答「自己並不是最有智慧的人」。但智者究竟是誰呢？他試圖將在公共意見（doxa）中被評判為智者的政治家和悲劇詩人引入這個半公共的場域，與他們進行一對一的交談。然而，諷刺的是，最終卻證明了神諭的正確性。

文化推手之所以被視為智者，是因為他們了解善與美等重要的事物。如果他們真正理解，應該能夠清楚地說明什麼是善、什麼是美；但實際結果又如何呢？政治家總是掛口於城邦的善即國家利益，詩人則編織出美麗的詩句，但當被要求解釋「這個政策為什麼好」或「這個詩句為什麼美麗」，也就是說明善與美的定義時，他們卻無法表達，反而暴露出自己矛盾的信念（doxa）。儘管在公共場域中他們能夠說服大眾、發表意見，因此被評判為智者，但在蘇格拉底的追問下，卻逐一暴露出自己的無知。

另一方面，蘇格拉底又是怎樣呢？他自認對善與美無所知，在無知這一點上，他與文化推手並沒有太大差異。然而，兩者之間存在一個重大的區別：相比於文化推手「不知卻認為自己已知」，蘇格拉底則老老實實地承認自己的無知。換句話說，對於自身的存在方式，文化推手存在**錯誤的理解**，他們明明不是智者卻自認是智者；而蘇格拉底則清楚自己不是智者，因此正**確地理解**到自己並非智者，這就是兩者之間的重大差異。蘇格拉底的「無知的自覺」（一般被稱為「無知之知」，但這種說法並不正確），嚴格來說是正確地理解到自己是「非智者」，這反而證明了他比任何人都更有智慧。

智慧與哲學（愛智）

蘇格拉底認為關於善與美的知識，也就是真正意義上的「智慧」，只有神才具備，而他將

「非智者」的自我理解稱為「凡人的智慧」。如此一來，他就以「關於真正智慧，我並不是智者；但在凡人的智慧方面，我則是智者」這樣的形式，毫無矛盾地化解了認同之謎。確實，在這世上有很多專家，對於專門領域的重要事務有著深刻瞭解，但對善、美之類的重要大事，卻沒有任何人知道，即使是作為意見領袖、廣受大眾讚譽的文化推手也不例外。廣場對話的平等性正是基於這一事實：相較於神的智慧作為絕對基準，人類的意見（doxa）在非智慧的意義上都是一樣的。因此，關於善與美的對話，無論談話者的屬性如何，都必須尊重意見的多樣性。

然而，這並不意味著在知識上，人們的生活方式沒有差異。「智者／非智者」的自我理解作為靈魂的存在方式，常常與人生的整體聯繫在一起。那些明明不是智者卻自認為智者、生活在錯誤認知中的人，與從「凡人的智慧」的觀點自覺非智者的人相比，顯然前者在生活境界上不如後者。誤認自己為智者的文化推手，正是受到這種錯覺的妨礙，從而無法熱愛並追求真正的智慧，反而過著背離智慧的無學人生。為了與單純的不知區別，我們可以稱這種缺乏學習的狀態為「無知」。而從無知中獲得解放所引發的學習，接近真正智慧這一點，足以使人生的價值真正提升。這些人並非像神一樣的智者，但也並非無知，他們介於智慧與無知之間，是熱愛追求智慧的愛智者，也就是哲學家；這些人不斷地走在學習的生存之道上。

蘇格拉底以身作則所示範的哲學家生活吸引了很多年輕人。起訴他的罪名之一就是「導致年輕人墮落」。正如人們常說的，年輕時候和他交往、後來成為政治家的克里底亞（Critias）

和亞西比德（Alcibiades）都被視為導致城邦瀕臨崩潰的元兇。很遺憾這些人脫離了蘇格拉底和哲學，過著被無知沾染的人生，但對那些覺得在雅典公眾場域中由文化推手與大眾共演的宛如猴戲般的輿論場令人厭惡的年輕人而言，在通風良好的廣場上，懷抱著不是神的凡人自覺，自由討論善、美究竟是什麼這些重要問題，實在是具有相當新鮮的魅力。那是一種不屬於知識灌輸，而是擁有教育（派地亞）和文化芬芳的體驗。就在那些擁有常識（doxa）的大人物指責蘇格拉底輕視政治、認為他的生活方式「墮落」，因此判他有罪的時候，哲學卻透過蘇格拉底的生與死，作為民主政治下人們的一種生存方式而誕生了。

三、對靈魂的考慮

追尋幸福的公理

在扮演宛如神明一樣的「智者」的文化創造者以及受其教化的大眾透過原有的「派地亞」所形成的公民社會內部，蘇格拉底實踐「哲學」這種新的「派地亞」，成功喚醒了公民，讓他們意識到「人性自覺」，自己並不是神。但是，哲學最終的目標並非人性自覺。以蘇格拉底的情況來說，決定他人生的神諭是「沒有比蘇格拉底更有智慧的人」；光從這個比較來看，就可發現哲學是與世界上各式各樣具體的他者進行交流，同時針對「我究竟是什麼」、「我的靈魂是什麼」這些問題提出具體追問的一種共同探究。因此他的一對一哲學對話是採取將他者也引入探究之中、「審視自我、也審視他人」（《申辯》二八E）的形式，一一追問參與對話的每一個人的靈魂狀態。那麼，這種自我探究和熱愛追求真正智慧的活動又有著怎樣的關係呢？

柏拉圖描述的蘇格拉底，大體上會針對表明理解道德等重要事物的「智者」們之「意見」（doxa）進行審視。因為這種「意見」表現了當事人在善、美、正義等價值方面的人生觀與倫理觀，所以接受審視的對話者，便會開始省思自己的人生與靈魂。「未經審視的生命是不值得活的」（《申辯》三八A），在這句陳述中，對善的審視乃是特別重要之事。畢竟，人的所有行為都是因為自己覺得「好」才做，因此對善的想法，確實是滲透到由各個行為所構成的整個人生。事實上，「好」的行為會使每個人獨一無二的人生變得更好，也就是使自己幸福的行為，因此，每一個覺得「好」的念頭，都和「自己是什麼」的自我理解、以及「自己的幸福是什麼」的幸福觀密切相連。也正因此，如果對自我和幸福產生了誤解，那麼在很多情況下，就會在行為的選擇上產生差錯，從而做出對自己不好的「惡行」，並導致不幸。

蘇格拉底的哲學看透了思想與事實悖離的人類現實，以一個公理為出發點——那就是「人都渴望幸福」（參見柏拉圖，《歐緒德謨篇》二七八E、《饗宴篇》二〇五A、《美諾篇》七八A）。這種主張是不證自明、眾人公認的「公理」，也是對話的絕對前提。比方說「極惡之人也渴望自身的幸福」，這樣的共識是哲學對話的堅實基礎。

按照這種追尋幸福的公理，因為不管是誰都不想要不幸、也不希望搞錯自己的生存方式，所以人們都會熱愛追求真正的智慧，以求對個人的行為與自己的幸福觀做出良好且正確的判斷。「因為渴望幸福，所以想要求知」，這樣的願望是自然的連鎖。要瞭解自己的生存方式，就必須搞清楚建構所謂「好」靈魂的思維網絡，也就是弄清信念體系。但關於「好」的闡明，必須參照並理解「善到底是什麼」的真正智慧。因此，作為自我探究的哲學，就是一種熱愛追求真正智慧的活動，而這種哲學的特徵，就是在靈魂的個別性與真正智慧的普遍性間進行來回往復的運動。

幸福與有道德的靈魂

作為個體與普遍之間的往復運動，哲學不僅僅是審視和否定靈魂的現狀，更是要勇於創造新的靈魂。哲學既然要使人產生「身為人的自覺」，那麼它更應該致力於創造「活在當下的個人」，也就是「這個我」。自我探究可以讓作為靈魂的「這個我」在與普遍性接觸和學習的過程中變得更好。正因　如此，蘇格拉底才在法庭上做出了「請關照靈魂」的最後呼籲。將一生奉獻給對話的蘇格拉底，在這段對多數人發聲的說服話語中，不僅僅是為雅典公民，更是為全人類留下一段寶貴的遺言：

世界上最優秀、無論在智慧或力量上都最偉大的城邦雅典的各位公民，你們難道不感到羞愧嗎？你們只一心想要積攢金錢、美名與榮譽，卻對思考、真理和靈魂的進步漠不關心，甚至不屑一顧。（中略）金錢無法生出道德，而道德卻能帶來金錢和其他一切，無論在公私領域，都能使人變得更加美好。（《申辯》二九D—三〇B）

包括蘇格拉底在其他地方提及的案例，他不鼓勵思索的對象是（1）「金錢、美名、榮譽和肉體」，而鼓勵思索的對象則是（2）「思慮、真理、靈魂和道德」。這樣的對比呈現了深刻的意涵。

在這段呼籲中，蘇格拉底明確將「關照」與我們的幸福觀連結在一起。他質疑道：「人生在世，你們每天關心的究竟是什麼？」並批評我們在生活中對金錢和美名的過度關注。無論擁有多少金錢，無論周圍的人如何讚美，若當事人缺乏道德，金錢和名聲就絕無可能成為「好」的事物，也無法構成幸福的人生。然而，認為金錢和名聲是人生大事又有何不妥呢？畢竟，若沒有金錢，我們就無法生存，而他人的承認又能使人生不再孤寂，帶來自豪感，這不是嗎？

這兩個領域的關係非常重要。（2）的中心是「靈魂」。人的肉體必須有靈魂的存在才算活著，這是我們認可的基本事實。換言之，構成生命的「生之原理」是靈魂，而非肉體。道德使靈魂得以良好運作，透過道德，靈魂才能賦予人生命力，使人過著良好的生活。因此，使人生充滿美好、使人獲得幸福的，便是使靈魂美善的事物，也就是道德。換句話說，蘇格拉底擁有一種「福德一致」的思考。的確，沒有肉體人無法生存，而在與他者共同生活的情況下，金錢、美名和榮譽也是生存所必需的。

但是，（1）的要素只是一種「沒有這些，人就活不下去」的必要條件。金錢等作為人生整體的一部分固然重要，但將這些部分誤認為人生整體的美善是不可行的（《申辯》三六C）。蘇格拉底曾經說過：「我們最應珍重的不是活著，而是好好活著。」（柏拉圖，《克力同》四八B）承載整個人生的應是靈魂，而使（1）的要素對「幸福」有幫助的，完全是靈魂的道德。如果我們真的渴望獲得幸福，就不應該過度關注（1），而應當更為重視靈魂，以獲取道德為目標努力生活。

思慮與真理

那麼，在（2）中，思慮（Phronesis）與真理值得考量的理由又是什麼呢？關於這點，我們可以將思慮與對無知的自覺一起思考。意識到自己並非智者的人會深思熟慮，當他們在當下需要做出行為時，會思考「自己是什麼、幸福又是什麼」，然後再做出選擇。因此，深思熟慮的人不僅僅是從周遭現狀出發，而是審視整個人生，思考自己想要怎樣的人生，一邊展望未來，一邊回顧過去，深入思考「自己現在的靈魂是如何被塑造出來的」。對過去的反思，是一種檢視文化與教育如何形塑自身靈魂、以及反省自己經歷的過程。在這個過程中，深思熟慮的人應該會察覺到自己是如何受到他人意見（doxa）的影響，並對文化推手主導的世界如何單方面形塑自己靈魂的現實感到困惑和不安。

可是，當哲學需要逐一分析每個人的意見（doxa）時，思慮便成為一個很好的幫手。舊有的派地亞是將擁有不同歷史和背景的個人不分青紅皂白地匯聚在一起，培養出對城邦有用的公民；而蘇格拉底哲學的派地亞則是關注個體，指出靈魂實質中的信念體系所存在的矛盾與對立。同樣的行為在某些情況下被認為是「好」，而在其他情況下卻被視為「不好」；對於這種情況，我們確實可以認為「當事人對善的理解缺乏普遍性」，其說服力也不足。然而，如果這兩種判斷都沒有錯的話，這之中便蘊含著某種程度的真理。在城邦中接受教育所獲得的常識和輿論（doxa）原本只能適用於大致的情況，這是一種蓋然性的標準。回想起自己在什麼情況下學到的意見，清楚意識到其侷限，並參照有關善的真正智慧，慎重考慮「為什麼在其他情況下不適用，如果要適用的話，又該怎麼做才比較好」，這樣便能產生新的學識，並擴大其適用範圍。這就是思慮為何重要的原因之一。

思慮的作用並不僅限於對個人生的反省，還可以讓與他者共存的現實世界變得更加豐富。正是在與他者意見的對立或衝突中，如果能清晰地用自己的話語說明「為什麼會做出這種判斷」，那麼在個別狀況與普遍基準之間往復的哲學思慮便能發揮作用，從而為彼此對現狀的更深理解贏得契機。受公眾意見（doxa）支配，處於「未曾察覺」（lēthe）狀態的靈魂在探究途中突然遭到否定——這種否定的經驗用發語詞「a」來表示，而對應「真理」的希臘語「alitheia」則是一種雙重否定的認知經驗。人們將城邦灌輸的意見（doxa）全盤接受，毫無察覺地生活在充滿「偏見」（doxa）[1]的世界中，作為公民與其他公民共存；對他們而言，真理是突如其來降臨的。換言之，若彼此都是熱愛知識的人，就能夠透過對話，深思熟慮地解釋彼此意見（doxa）之間的對立理由，從而擺脫「偏見」的支配，這便是對各個「真我」、即複數靈魂共生世界的真相的認識瞬間。對真理的關照，就是對「從各種意見對立的世界轉換到共學交流的世界」之瞬間的珍惜態度。

回應蘇格拉底哲學的可能性

如果我們回應蘇格拉底的呼籲，開始思索靈魂，也就意味著我們勇敢地邁出了朝著哲學家人生的第一步。在傳統文化（派地亞）的薰陶中成長的我們，雖然在日常生活中對常識或社會規範不甚懷疑，但也許在某些方面經歷過意見的衝突與對立。在這樣的機會下，我們應該不僅順應社會中占優勢的意見，而是將這視為擴展自己狹隘見解與思考方式的契機，透過對話創造出讓自己和他者都能過著更好的生活方式，這正是對蘇格拉底最後呼籲的回應！如果無法做到這一點，那可能是因為自己明明不是智者卻自以為擁有智慧，或是缺乏蘇格拉底問答法的技巧，甚至兩者皆有。相反地，如果擁有凡人的智慧，並能深思熟慮地運用問答法，那毫無疑問就是發揮了人的德性。這就是所謂「道德源於知識」，也是「知德合一」的理想。

正如本章所考察的，雖然蘇格拉底的哲學無疑是在西元前五世紀的民主城邦雅典特定的風俗與社會體制背景下誕生的，但他的思想卻對世界與靈魂的普遍關係提出了重要的啟示。簡而言之，我們的靈魂雖在既存的世界中受到被動的形塑，但在哲學的幫助下，我們讓凡人的智慧與思慮能動地運轉，從而不僅僅局限於成為共同體的一員，而是作為人與「真我」，得以重新建構一個由多重靈魂所構成的更加美好的世界。

正因為如此，與古希臘時空相隔遙遠的我們若能從蘇格拉底學到什麼，那就是在仔細檢討自己所生活的社會的風俗與背景的同時，摸索活用蘇格拉底哲學的方式。比方說，從今日的角度來看，蘇格拉底哲學追求的目標或許可以視為一種「激進民主」（radical democracy）。在開放的公共空間中，公民和國民不分身分、立場，彼此平等自由地討論政治議題，從而推動共同體向更好的方向發展。蘇格拉底的做法與這種由下而上的草根運動頗有相似之處。然而，蘇格拉底將在半公共場域中的對話視為人生的重要課題，並未在公共活動中尋找積極的價值，這一點

1　譯註：doxa 在古希臘語中意為「意見」或「看法」，指個人或群體的主觀評判，可涵蓋正面意義（如聲譽）或負面含義（如偏見）。在哲學語境中，doxa 常與「知識」（episteme）對比，強調其主觀、不確定或不可靠的特性。本章中出現的中文譯詞包括：意見、聲譽、評判、輿論、信念、常識和偏見等。

值得我們留意。就像只顧肉體或金錢而忽略靈魂與道德一樣，若只是為了好好度日而熱心改善公共空間，卻忽視了一對一的對話，這也無疑是本末倒置的。

因此，以蘇格拉底對話為直接泉源的「哲學咖啡館」，運用一對一交流等多種手段，可能成為運用蘇格拉底哲學的優良示範。哲學咖啡館不問參加資格，以自由、平等且淋漓盡致的方式，討論人生與社會的重要問題。雖然尊重不同意見和多樣性是理所當然的，但因為相信哲學的可能性，因此不會陷入相對主義；畢竟當參加者有意見對立或遇到難以解決的問題時，反而是學習普遍性的機會，大家也會抱持著對無知的自覺，以追尋和參照真正的智慧。哲學咖啡館與詭辯者的「人是萬物的尺度」或「力量即正義」等觀念可謂相距甚遠。除了哲學咖啡館，文化中心、讀書會、主婦集會等也都是相互交流的場合。在各種半公開空間中，我們可以充分享受學習，補充靈魂的養分，然後再回到各自的公共與私人領域，用哲學的方式重新掌握世界與人生的整體。若如此，我們確實可以說，蘇格拉底的「愛智」精神至今猶存。

延伸閱讀

加藤信朗，《初期柏拉圖哲學》，（東京大學出版會，一九八八年）——蘇格拉底的生與死不只是柏拉圖哲學的出發點，更堪稱是它的一切。作者從這個視角出發，對作為蘇格拉底哲學思想根本的「無知的自覺」、「德即知」、「福德一致」等主題，透過以這些為主題的四部對話集中加以考察。

川島重成、高田康成編，《繆思啊，請開口吧！》（三陸書房，二〇〇三年）——要掌握蘇格拉底的哲學，就必須掌握希臘文化與派地亞多層次多樣性的發展。這是一部從敘事詩、悲劇、歷史等八個範疇及影響史各方面進行論述的希臘文學入門書。

納富信留，《哲學的誕生：蘇格拉底是何許人？》（筑摩學藝文庫，二〇一七年）——蘇格拉底沒有留下任何著作便過世了。本書透過揭示蘇格拉底和周圍人們之間的影響關係，描述了哲學家蘇格拉底是如何誕生的。又，本章中沒有能提及詭辯師的問題，也可以參見納富先生的《詭辯師是誰？》（筑摩學藝文庫，二〇一五年）這部作品。

櫻井萬里子，《蘇格拉底的鄰居們》（山川出版社，一九九七年）——針對雅典的公民與非公民關係舉出具體的例子，並透過史料分析來仔細闡述，同時從史學的立場出發，就當時人們對公與私的處理方式、以及它們和蘇格拉底哲學的關聯進行解說。

漢娜．鄂蘭（Hannah Arendt），傑羅姆．柯恩編，高橋勇夫譯，《政治的承諾》（筑摩書房，二〇〇八年）——對鄂蘭而言，蘇格拉底無疑是她在思考政治與哲學關係時的出發點。在這本書中，鄂蘭針對doxa與真理的關係、複數性的問題、與柏拉圖哲學的緊張關係等，對蘇格拉底哲學與現代社會的相關性展開了相當刺激的洞察。

CHAPTER

eight

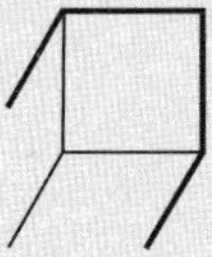

第八章 柏拉圖與亞里斯多德

稲村一隆

プラトンとアリストテレス

一、古典希臘的遺產

哲學與民主政治

當我們從人類歷史的廣泛角度來看，古典時期（前五世紀至前四世紀）的希臘留下了許多重要遺產，包括建築、雕刻、悲劇、喜劇，以及名為「philosophia」的哲學（愛智）。這套哲學的最大特徵在於擁有承繼蘇格拉底遺產的兩位知識巨人——柏拉圖與亞里斯多德。

當然，圍繞以名人為中心來描述哲學史的做法存在許多批評聲音。古典時期是「詭辯者」這一類知識分子活躍的時代，柏拉圖和亞里斯多德也受到了這種知識文化的影響。柏拉圖不過是從自身的理解來詮釋蘇格拉底的人；其他如阿里斯托芬的《雲》或色諾芬的《回憶蘇格拉底》等作品，則傳遞了不同的蘇格拉底形象。因此，柏拉圖與亞里斯多德的觀點只是以各自的方式在特定的方向中展現了當時的知識文化。從當時的狀況重新理解他們並加以相對化，成為了當前研究者的重要課題。

然而，柏拉圖與亞里斯多德對人類歷史的影響確實深遠，以他們為中心的討論也自有其合理性。柏拉圖創立了柏拉圖學院（Academy），而在此學習的亞里斯多德則隨後開設了萊西姆學院（Lyceum）。他們在知識上的努力不僅影響了哲學，也對現代學術發展產生了重大影響。

如前章所述，古希臘的遺產還包括民主政治這一制度。古典時期是雅典作為提洛同盟盟主的時代，政治家伯里克利等人在此活躍。雅典作為海洋帝國，曾經是近現代帝國的模範。不論是好是壞，古典時期的雅典幾乎始終實施民主政治；雖然奴隸制仍然存在，但公民之間的關係相對平等，言論的空間也十分開放。

不過，柏拉圖和亞里斯多德卻批判了民主政治。他們認為，重要的是專家、熟練的技能以及高度的知識，而非一般門外漢。以醫生為例，他必須經過長時間的鑽研與充分的訓練才能治好疾病。同樣地，政治家面對的問題，比身體健康更為複雜，關於人們幸福的考量自然需要相應的學習與訓練。

因此，要經營高度文明的生活，專業分工是不可或缺的。唯有發揮各自的長處，從事特定職業，並交換彼此的產品與服務，才能過著良好的生活。由於一個人無法同時擔任農民、木匠、廚師和政治家，因此每個人強化自己的專長，才能提升技術（柏拉圖，《理想國》三六八B－三七四D）。在這樣的高度文明社會中，政治應該由精通政治的專家來執行，民主政治則被視為愚妄的想法。蘇格拉底就是被一群堪稱門外漢的民眾審判處死。若重視知識，自然會與民主政治產生緊張的關係。理解柏拉圖與亞里斯多德的哲學時，我們必須認識其與現代的共通背景。

由於要完整解說這兩位的哲學體系相當困難，因此本章將聚焦於智慧與靈魂等主題，並以其哲學背景和敘述形式為中心來闡述，特別聚焦於他們在民主政治的言論空間背景下發展出的反民主政治知識。雖然這有些弔詭，但真正的言論空間其實是基於他們對知識的理解而建立的。

古代典籍的共通文本

作為現今的重要文化，在資料引用方面，我想做個補充。在引用柏拉圖的著作時，按照慣例都是使用一五七八年刊行的史蒂芬奴斯（Stephanus）版柏拉圖全集，標出頁數和從A到E的段落。在參照亞里斯多德的時候，按慣例則是使用一八三一年刊行的貝克爾（Bekker）版亞里斯多德著作集的頁數、欄位（左邊的欄位是a，右邊的欄位是b）以及行數。比方說，講到柏拉圖《理想國》標三二七A的時候，就是參見史蒂芬奴斯版三二七頁的A段落；講到亞里斯多德《形上學》九八〇a二一的時候，就是參見貝克爾版九八〇頁、左側欄位的第二十一行。這種標記方式在討論柏拉圖和亞里斯多德的文本時非常便利，幾乎所有的現代譯作和研究著作都會使用這樣的記號。

即使僅看日語譯本，兩位哲學家的同一本著作也有多種翻譯。因此，如果標示特定譯者的頁數，其他譯本的讀者可能很難找到該引用的出處。外語翻譯同樣繁多，希臘語的文本也是多種多樣，實際上根本沒有一個足以參照的「原本」。畢竟，兩千年前柏拉圖與亞里斯多德的著作在沒有印刷技術的時代，都是透過手工抄寫流傳下來的。

在討論這些文本時，只要有史蒂芬奴斯版和貝克爾版這些共通的參照物，就能迅速找到同一個文本。全球的人們能就特定文章、詞彙，甚至字的解釋來進行交流；無論是在大學授課、公民講座中，還是在網路查詢和社交媒體上發表訊息，都可以透過同一文本建立聯繫。

這種基於共通素材的人際交流就是文化的體現。日常的具體事宜姑且不論，與陌生人進行稍具抽象的概念對話並不容易。然而，只要透過柏拉圖與亞里斯多德，就能與那些在文化上受到他們影響的人找到對話的交集點。本章也正是運用了這種文化。

據說古代人很少有默讀書本的習慣，書本都是在眾人面前朗讀的。在柏拉圖《普羅塔哥拉》三四七B—三四八A中，蘇格拉底告誡人們不要只顧著解釋他人話語的意義，而要積極用自己的言語展開對話。最終，寫下的話語不過是備忘錄而已。即使對書籍產生疑問，也無法當場向執筆者提出問題；而執筆者也無法要求讀者在特定的時間和場所下閱讀其著作。因此，書籍只是為探索者準備的備忘錄（柏拉圖，《費德羅》二七四B—二七七A）。對於古代典籍的閱讀，應在思考的對話中實踐。柏拉圖和亞里斯多德在讀者自我思考的過程中，無疑是優秀的談話對象。

二、柏拉圖

對話這種形式

柏拉圖的作品幾乎都是以對話的形式寫成，除了部分特例。在這些對話篇章中，各個登場的人物從不同的觀點出發，並相互議論。柏拉圖本人並未以對話者的身分出現，因此這種形式與現代論文的寫作方式不同，對話篇無法直接反映柏拉圖的思想。儘管一般認為，柏拉圖與登場人物中的蘇格拉底（以及在《詭辯者》和《政治家》中來自埃利亞的客人，以及在《法律》中來自雅典的客人）在立場上相近，但這並不意味著兩者完全相同。柏拉圖在對話篇中有意使各個登場人物扮演特定的角色，而理解他的意圖則是讀者需要自己去完成的任務。

具體的例子可以從柏拉圖的主要著作《理想國》來看。雖然這篇對話的主題圍繞著正義，但引入這一主題的是蘇格拉底與克法洛斯（Cephalus）的對話。蘇格拉底因應克法洛斯的兒子玻勒馬霍斯（Polemarchus）的邀請，造訪了富商克法洛斯的家。年邁的克法洛斯關心正義，主要出於對死後世界的擔憂；他恐懼「不當行為的犯人死後將受到懲罰」的說法，因此將虔誠端正地生活視為最重要的事情。雖然對老年人來說，財富自然重要，但這是為了不虧欠神明的貢品，或避免說謊和欠債等不當行為。蘇格拉底接著上述的對話——不過把對神納貢這件事置而不提——，反問克法洛斯說：「有話實說、把保管的東西還給對方是否就等同於正義？」這一問題標誌著《理想國》對傳統正義觀的檢討。然而，老翁克法洛斯並未與蘇格拉底深入討論，只說自己要去給神上供，便從對話的舞臺上消失了。

和蘇格拉底議論的接棒者是他的兒子玻勒馬霍斯。強調「議論的接棒者」這一點，暗示玻勒馬霍斯並不是出於內心的熱忱來支持這種正義的見解。在與克法洛斯的對話中，接班人的特徵已經顯露出來：通常，人們對自己親手掙來的金錢有著深厚的感情，這種情感類似於詩人對其作品或父母對子女的感情；因為這些都是憑藉自己的勞動所得，自然會有戀戀不捨之情。然而，若是繼承而來的財產，則往往不會有如此強烈的執著，這是人的本性。玻勒馬霍斯在提到西蒙尼德（Semonides of Amorgos）所說的「欠債還債就是正義」後，當他所持的傳統希臘對正義的見解——「幫助朋友、傷害敵人」被蘇格拉底駁倒時，便立刻同意了蘇格拉底的觀點。相對於此，第三個談話對象沙拉敘馬霍斯（Thrasymachus）則堅定支持「正義就是強者的利益」這一見解，這是他自己提出的看法。

這番圍繞著正義的議論在《理想國》第二卷之後開始深入探討「靈魂」的存在。在書中，正義被理解為靈魂的一種卓越性質。通常，人們將正義視為與商業、契約、戰爭等外在行動密切相關的事物，像「欠債還債就是正義」這種觀點，往往反映了人們希望被他人視為正義的人，以獲得美名或報酬。因此，正義在此被看作是外在的、工具性的。然而，柏拉圖的目標是檢討當正義內涵於靈魂之中時，對個體究竟具有怎樣的意義。在《理想國》三五三D中，柏拉圖從生命的層面理解靈魂的運作，指出其特徵如「考慮、控制、思索」等。換言之，柏拉圖重視靈魂的原因在於，他想審視「生存方式」的本質與意義。

就像這樣，柏拉圖透過登場人物的性格與對話交流，逐步佈下棋局，而讀者的任務則是清楚理解柏拉圖的意圖，不放過任何一句話。僅僅從表面上照單全收蘇格拉底的言論，無法真正呈現柏拉圖的意圖；若要深入討論，就必須從特定對話的脈絡中理解這些話語，並將其視為具備特定性格的登場人物的發言。當然，從這種依賴特定脈絡的對話中引出普遍意義，也是讀者的挑戰。柏拉圖有時會故意戲弄讀者，因此閱讀他的作品需要在理解人性上具備相當的深度與廣度。

讀者還需要像自己參與登場人物的議論一樣，與柏拉圖在心中進行對話。畢竟，正是這種內心的對話，才能幫助我們擺脫周圍的雜音與不良習慣，獲得真正的自由（《泰阿泰德》一八九E—一九〇A）。

理念（idea）

對於靈魂中掌握知性運作的部分，柏拉圖將其公式化為「理念」。理念還有其他稱呼，如「形相」（eidos）、「本質」（ousia）、「實在」、「某事物本身」以及「範式」（paradigma）等。理念不僅包括數學對象，例如「一的理念」、「相等的理念」、「大與小的理念」，還涵蓋善、美和正義等價值理念。至於人類、火和水的理念究竟是怎樣，蘇格拉底自己也感到困惑。相對於毛髮、泥巴和汙物等物品，因為它們不具價值，所以不被認為具有理念（《巴門尼德》一三〇A—B）。長椅和桌子等事物也被認為擁有其理念。

理念是無法透過感官來掌握的。以美的理念為例，柏拉圖在《饗宴》中提到（二一一A—B）：美的理念是一種永恆存在的事物；它不會誕生或消亡，也不會增加或減少。在某個層面上被視為美的事物，並不意味著在其他層面上也是美的。美的理念不依賴於時間或地點，也不會因特定關係而改變；對某些人而言是美的，並不代表對其他人也同樣如此。美的理念不會具體呈現在某個人、面孔、生物或物體上，也無法用某種知識或語言來表達。熱愛知識的哲學家所渴望理解的，正是這種理念。

蘇格拉底是這樣描述哲學家的：

發自內心喜歡學習的人天生就追求真實、熱心努力；他不會停留在（一般）認為存在的多樣的個別事物上，他會繼續追求。勇往直前的鋒芒不會變鈍，愛的熱情不會減弱，直至他心靈中那個能把握真實的，即與真實同類的部分接觸到了每一事物真正的實體—即被稱為「正是某個事物」的那個—並且透過心靈的這個部分與事物真實的接觸、交合，生出了理性和真理，他才有了真知，才真實地活著成長著；也只有到那時，他才停止自己艱苦的追求過程。（《理想

國》四九〇A—B，藤澤令夫譯）

反過來說，與哲學家相對的詭辯家只是表達大多數人所認為的通俗觀念。他們擅長將這些觀念以令大眾感到愉悅的方式呈現，並稱這種能力為「智慧」。他們自稱可以傳授這種「智慧」，並向學生收取學費，稱之為「教育」。然而，實際上他們是否擁有真正的智慧並不重要，重要的是他們能靈活捕捉不斷變化的現象，並巧妙地將其表現出來。

那麼，為什麼有必要理解何謂「理念」呢？光憑此時此地對美的事物做出的判斷，難道還不足夠嗎？首先，如果沒有這種絕對的尺度，我們就無法得知每一個看起來美的事物究竟真正「美」在哪裡。透過感覺獲得的資訊時時都會產生變化，對於現在的自己而言，它們不過是依存於特定的時間與場所，傳達出來的有限事物。因此，對他人而言，這東西實際上到底美不美沒人知道；而在超越現在的未來，這樣的訊息究竟妥不妥當也沒人知道。不知道事物的真相、只抱持著模糊的尺度，怎麼能做出確切的判斷呢？因此，首先要知道不依附於時間、場所、關係、視角的完全尺度，才能對事物的真實面貌做出判斷（《理想國》五〇四C）。

其次，理念是透過對它的認知，讓它得以化為實際的依據。唯有認識真正的美與善，才能成就實際的美善之物。反過來說，若缺乏這種認知，雖然在特定狀況下偶爾會出現美的事物，但只要移除這些條件，那就再也沒有「美」了。當然，理念不是在這個世上特定人或物身上具現出來的事物，而是一種理想存在的事物。預設有這樣的理想，並為了能清晰理解它而不斷邁進，這就是理念的探求。

不過，各種理念未必能等同並列。善的理念被認為是應當學習的最重要事物（《理想國》五〇五A）。在正確的事物和其他事物上附加善的理念才會有用。反之，即使知道許多其他的東西，只要不理解善的理念，那就一點用處也沒有。即使知道正義的理念是什麼，若不知道這種理念在什麼樣的形式下才為善，那對它的認知又有什麼價值可言呢？因此，善的理念是賦予價值的重要關鍵。

不只如此，善也不能僅停留在被認為那樣就滿足的程度。談到美的事物或正確的事物時，即使事實並非如此，只要看起來覺得美，或大家覺得這樣正確，或許就能令人感到滿足。然而，對於善而言，單單憑著偶然看到的善，並無法讓人徹底心服。換言之，善的理念是全面且完全的肯定。在日常生活中，我們可能對當下欲求的實現抱持肯定的情感。但是當自己的人生表面上看似善，實際上卻不善時，若試著深入思考，心中難免會浮現疑問：「這樣真的滿足了嗎？」

靈魂的三部分說與教育

那麼，為了最終到達善的理念，必須有怎樣的訓練呢？柏拉圖在《理想國》的第二到第三卷和第七卷中提供了詳細的教育計畫。首先，在年輕時期，應透過音樂和體育來陶治情感，使其依循理性行動；接著，應在社會中從事實際事務，積累經驗。最終，靈魂的三個部分中的「慾望」與「氣概」需服從「知性」，並進行訓練。

《理想國》將靈魂對應於城邦的三個社會階層，分為三個部分：守護者階層，負責政治與審判；協助守護者防衛國家的戰士階層；以及農民和工匠等生產者階層。與此相對應，靈魂中也有知性、氣概與慾望三個部分。知性負責掌握思維，當慾望違反知性時，氣概會感到憤慨不平，並站在知性一方，振奮自身的靈魂。

智慧、勇氣、節制、正義四種卓越性各自對應靈魂的三部分。智慧的人是在靈魂整體關照和支配上表現出色的知性之人；勇氣的人則是能夠遵循知性的命令，做出深思熟慮的決策之人。節制的人理解並接受知性對其他兩部分的掌控，使靈魂的三部分相互協調；而正義的人則讓靈魂的三部分各自扮演好固有角色，不干涉其他部分。由此可見，掌握氣概和慾望的部分也與人類的生活方式密切相關，因此相關卓越性的培養和教育也被認為非常重要。僅僅砥礪知性，對人類靈魂的教育計畫而言，並不足夠。

在這之後的教育階段，應重視數學方面的學問，包括數字與計算、平面幾何學、立體幾何學、天文學和音階理論。數學在讓人們從感性認知轉向知性認知的過程中，扮演了非常重要的角色。認知的方向必須從生成變化的世界轉移到真正實在的理念方面。像詭辯者那樣，試圖從外部將知識傳授給不具備知識的人是不正確的；人本身已具備認知理念的能力，關鍵在於所給予的方向是否正確。

最後，必須透過哲學的對話問答，引導人們朝著認識善之理念的正確方向邁進。這種對話問答應該在生命的後半段進行。原因在於，若從年輕時期開始就勤於用言論駁倒對手，並因此感到自我滿足，這不僅無法認識善的理念，反而會使人偏離正道（《理想國》五三九A—B）。善的理念並不是一時轉變心意就能到達的休息站，而是經歷長時間的鍛鍊後仍未必能達到的理想。

三、亞里斯多德

一切學問之祖

亞里斯多德對柏拉圖的理念論持批判態度。他認為，即使不認識善的理念，人們仍然能獨立實踐各種學問。在柏拉圖學院中，批判老師和友人的觀點是受到鼓勵的。然而，現在的研究更多地集中於亞里斯多德如何受到柏拉圖的影響，而非強調他們之間的差異。亞里斯多德通常在批判柏拉圖時提到其名字，但在參考其觀點時，則不會直接提及。

亞里斯多德以分類各種知性而聞名。根據《尼各馬科倫理學》（*Nicomachean Ethics*）第六章，他首先區分了不可透過其他方式獲得的必然性領域與可以獲得的行為領域。前者進一步分為掌握首要原理的知性（nous）、從原理展開論證的知識（epistēmē），以及由這兩者構成的智慧（sophia）；後者則包括以實現特定目的為目標的技術（Technē）和考量人生整體之善的思慮（phronesis）。此外，學問也可分為理論學、實踐學和製作學（《形上學》一〇二五b一八—二八）。不過，學問的這三種區分在柏拉圖學院中似乎早已討論，在柏拉圖自己的論述中也可見對知性進行區分的觀點（《政治家》二五九C—D）。

亞里斯多德認為，能夠發揮知識與思慮等知性的卓越特質，對人而言就是幸福。根據他的靈魂論，人類的靈魂是由理性和非理性兩個部分所構成；知性被定位為有理性部分的卓越性，相對於此，勇氣、節制和慷慨等性格的卓越特質則屬於非理性的部分，必須聽從前者的指導。能夠達到這種卓越性的靈魂活動，被定義為「幸福」（《尼各馬科倫理學》第一卷第十三章）。非理性部分的活動也包括了攝取養分，作為生物成長的植物性活動。亞里斯多德認為，不只是動物，植物也有自己的靈魂活動。就這樣，亞里斯多德以靈魂為主題，開始了正式的研究，並寫下了《靈魂論》一書。

亞里斯多德認為，各種學問都有作為其基礎的原理和對象的獨立性，因此應當將它們看成彼此自有一套規則的學問。他所處理的學問範圍相當廣泛，包括邏輯學、生物學、自然學、天體論、政治學、倫理學、詩學、辯論術等。當然，就像生物學、天體論與自然學的關係般，知識的階層關係上少不了某些學問運用其他學問原理的情況，但在每一個領域累積資料並將之體系化上，亞里斯多德可謂功績卓著。透過這樣的學問分類，亞里斯多德是怎樣看待世界的呢？

尊重先人的見解

在現代學術界中，對先行研究的考察是必要的條件。對於自己研究的主題，我們需要先瞭解已進行的研究情況，然後再附加自己的新研究成果。如果先行研究存在問題，指出問題並批判也是學術界的重要做法。這種被視為理所當然的實踐，實際上是在人類漫長的歷史中逐步形成的一種習慣。

在這方面，亞里斯多德扮演了非常重要的角色。他幾乎對各種學問有先行研究的調查，這些調查也為我們理解古希臘人的見解提供了珍貴的資料。亞里斯多德不僅整理了這些先行研究中的問題與相互矛盾之處，還將其作為自己探求的課題。例如，在《自然學》第一卷和《靈魂論》第一卷中，他調查了前人關於「自然」和「靈魂」的見解。在《政治學》第二卷中，他不僅針對柏拉圖等先人的論述，也考察了當時評價甚高的現存政治體系。

亞里斯多德的萊希姆學院曾調查當時一百五十八個城邦的制度。然而，他不一定會將所有的先行研究結果擺在前面，而經常是在確立自身的見解後，再去調查先行研究的相符性，以驗證自己的說法。例如，在《尼各馬科倫理學》第一卷第八章討論「幸福」的部分，他首先提出自己的見解，然後再考察其他人的觀點。

為什麼有必要調查先行研究並把握問題所在呢？根據《形上學》第三章第一卷，原因有三：首先，如果能先一步解決問題點，未來的研究將能夠順利進行。其次，若無法掌握問題點，就無法清楚認知探求的目標，更無法發現和理解探求的對象。第三，就像審判時必須聽取原告與被告雙方的主張一樣，聆聽對立雙方的見解，才能做出公平的判斷。

亞里斯多德對先行研究進行調查的前提是他對人的認知能力抱持信任。他認為，大多數人能夠依靠自己的能力獲得真實的見解，並正確把握現實世界。人的見解中必然包含某種正確的觀點，而不會全盤皆非（《形上學》九九三a三〇—b十九）。當沒有問題點或對立點，所有人都持相同意見時，其實只能說「我們除了這樣認同以外，找不出其他方法」（《尼各馬科倫理學》一一七二b三六—一一七三a二）。這樣的態度並不是要否定所有人的一致贊成，而是學術議題應在某個問題點上匯集正確的見解，解決問題，從而確立一套整合的認知。換言之，學術是各種資訊匯聚後，所誕生的體系化知識。

我們可以引用《政治學》的文本，來看看亞里斯多德如何展現這種態度。以下文本的脈絡是他對柏拉圖《理想國》中財產共有制的批判：

以下這點不可遺漏，也必須加以考慮，那就是歷經漫長歲月後，這樣的策略卻未能在世人面前出現。如果這個策略真的如此了不起，那麼經過如此長時間，大家應該都注意到了。之所以如此，是因為幾乎所有的策略都已經被發現；但在其中，有一些並未被當作資料加以蒐集的東西，也有一些是大家知道但未被有效利用的東西。（《政治學》一二六四a一至五。神崎繁、相澤康隆、瀨口昌久譯）

知識的發展

那麼，累積經驗、匯聚資料，就能做好學問了嗎？按照亞里斯多德的框架，光是這樣還不足以構成學問。在學術的要件中，還應該包含「掌握原因」這個重點。

另一方面，亞里斯多德也認為，作為學術知識的基礎，應當尊重透過感覺而獲得的資訊，並累積記憶與經驗。在《形上學》第一卷第一章中，亞里斯多德描述了從感覺到學術知識的發展過程。他提到「所有人都具備渴望求知的自然本性」，這句有名的破題話語源自於每個人對「觀看」的熱愛。雖然僅憑感覺只能傳達有限範疇內的世界狀況，但有些動物具備記憶力，因此能夠累積感覺資訊。不僅如此，聽覺優異的動物還能從他者的教導中學習。對於同一件事積累眾多記憶，便會形成經驗。

不僅如此，像人類這樣的動物還能夠透過推論來掌握技術。亞里斯多德所說的「技術」包含了普遍的判斷。以當時比較發達的醫學領域為例，在經驗階段，人們可能只知道「蘇格拉底生病時這樣醫治有效，那麼柏拉圖或伊索克拉底生病時，同樣的處置方式應該也有效」，僅具備這樣的知識。然而，當獲得技術後，就能得出「當一定體質的人患了熱病時，這樣處置就會有效」這種普遍性的判斷。

日本的專業職人大概接近於經驗主義者。他們認為，學習料理技術不如「用眼睛仔細看」來得更實際，技術並不是透過課堂學習得來的，而是透過實際經歷各式各樣的事例才能掌握。亞里斯多德也認為，在實際展開行為時，畢竟是針對個別事項來應對，因此經驗非常有用。然而，如果缺乏普遍的判斷，對他人口頭教導就會相當困難。

掌握原因

《形上學》第一卷第一章提到，對於位於技術延長線上的學術而言，掌握原因是非常重要的要件。我們不僅要掌握單純的事實，例如「蘇格拉底生病了」，更要了解「蘇格拉底為什麼生病」的原因，這樣才算具備學術知識。亞里斯多德並未將透過感覺所獲得的資訊與知識視為等同，因為光靠感覺得知事實並不足以理解原因。比方說，雖然觸覺可以告訴我們「火是熱的」，但這並不能解釋「為什麼火是熱的」。這種區別在《尼各馬科倫理學》第六卷中已經明確提出，將技術和學問視為迥然不同的領域；不過，在古希臘的語境中，「技術」與「學問」

的用語並沒有明確的區分。在《形上學》第一卷中，亞里斯多德仍將技術和學問視為相近的概念。

接著，讓我們從對知識探求而言不可或缺的「驚訝」這個觀點來看普遍判斷與原因的關係。驚訝中實際上包含了普遍的判斷。舉例來說，如果不知道月亮盈虧的規律性，就不會對月蝕現象感到驚訝。正因為我們每日觀察月亮，從中獲得新月、上弦、滿月、下弦等有規律變化的普遍判斷，所以才會對罕見的月蝕感到不可思議，並產生「為什麼會有月蝕」的疑問。當我們了解到「地球運行到太陽與月亮之間，遮住了太陽的光線」這個原因時，疑問便會得到解答。當掌握了原因後，我們會認為月蝕是一件自然而然的事情。然而，如果在地球運行到太陽與月亮之間時卻沒有發生月蝕，我們又會感到驚訝，並開始探求其原因。

《形上學》第一卷中提到技術與學問的差異，主要在於是否關心對生活有益的方面。舉例來說，醫術的目的是讓人恢復健康，這對生活是有益的；建設技術則是為了建造房屋。然而，若是遠離這些世俗關注，純粹為了知識而追求知識的人，被認為是有智慧的人——這是當時希臘人的觀點。亞里斯多德也指出，埃及因為有閒祭司階級的存在，才發展出數學這門學問。

換句話說，人對於這個世界的認知，根本上是受到自身關心的驅使，而使用感官能力易於理解的方式來理解。雖然我們可以根據外表的相似性將鯨魚視為魚類，但若從捕食的角度來看，「將鯨魚和鮪魚同等分類、可以一起捕捉」的普遍性判斷也是合理的。同樣，若是從「適不適合作為飲料」的標準來理解水，那麼「水是透明且無臭的液體」的定義也是正確的。儘管有時可能會喝壞肚子，但通常情況下這樣的理解能使人過著正常的生活。

然而，這種理解僅僅是人為了方便掌握世界而採用的方法，局限於透過感官獲得的信息，因此難以真實把握這個世界的本質。換句話說，若想得知實際存在的事物，就不能只依賴感官所提供的信息，而是必須超越世俗的關心。這意味著，要掌握這個世界本身，其方法並非只在世俗的範疇內來理解，而是要真正意義上掌握「知」。在以人類的感覺和關心為出發點的同時，逐步超越這些關心，使知識得到提升，這就是學問的重要特徵。

亞里斯多德稱這種純粹求知的學問為「自由的學問」（《形上學》九八二b二四—二八）。這裡的「自由」指的是「脫離生活的束縛，只為自己而生活」。與自由相對的奴隸狀態，則是為了滿足生活必需，在別無選擇的情況下，不得不為他人而勞動。此外，亞里斯多德認為對生活有用的判斷是在其他動物身上也能看到的特徵；然而，對於人類而言，「有用」的標準未必與其他動物一致，但掌握原理與原因的智慧對象——例如月蝕的發生與直線——是獨立於人類的（《尼各馬科倫理學》一一四一a二二—二八）。

正如之前所述，能夠運用知性被理解為人類的幸福，但不同類型的知性之間也存在差異。《尼各馬科倫理學》第十卷第七章認為，比起政治、軍事等實踐性活動，純粹的知性活動更具幸福感。特別是能夠掌握首要原理的智性（nous）與智慧活動，這些活動不僅是當事人能夠做到的，還是自足的、適合閒暇的，且以本身為目的的活動。相比之下，實踐活動則是為了過著良好的生活而從事政治或戰爭，屬於為實現其他目的而展開的活動。因此，在亞里斯多德看來，擺脫世俗關心的瑣事，如神般發揮純粹的智慧，對人而言是最幸福的生活。

延伸閱讀

內山勝利責編，《哲學的歷史Ⅰ：哲學誕生——古代Ⅰ》（中央公論新社，二〇〇八年）——關於柏拉圖與亞里斯多德哲學的概論書。其中也有提及兩人的生涯與著作傳承過程，內容相當充實。

納富信留，《柏拉圖與其哲學：閱讀對話篇》（岩波新書，二〇一五年）／山口義久《亞里斯多德入門》（筑摩新書，二〇〇一年）——若想要閱讀聚焦於柏拉圖與亞里斯多德、全面性解讀兩人的哲學的著作，可以參考這兩本著作。前者針對柏拉圖的每一篇對話，後者則針對亞里斯多德的每一個議題，逐一描繪出他們討論的哲學問題。

井上忠、山本巍編，《希臘哲學的最前沿》（東京大學出版會，一九八六年）——雖然有點舊，但是匯集了海外有關古代哲學的重要論文的日譯本，收錄了現今仍被提及的著名論文，分成（1）、（2）兩卷。

佐佐木毅，《柏拉圖的咒縛》（講談社學術文庫，二〇〇〇年）——想知道柏拉圖與亞里斯多德和現代關聯的人，可以參考這本書。它也可以作為考察柏拉圖與亞里斯多德的哲學作為政治思想的危險性及其對現代的意義之用。

關於柏拉圖與亞里斯多德的著作，除了內山勝利、神崎繁、中畑正志編的《亞里斯多德全集》（岩波書店）以外，京都大學學術出版會、光文社、講談社也陸續出版了新譯本，參見其中所附的解說便能把握最近的研究狀況。

專欄三
希臘科學　齋藤憲

在巴門尼德提出「存在的東西存在，不存在的東西不存在」這一否定變化的觀點後，希臘科學（其實稱為自然學比較恰當）就致力於「如何說明變換無窮的自然現象」這個難題。阿那克薩哥拉的「萬物自在萬物之中」這種不可思議的學說，也可以理解為對巴門尼德觀點的回應。

伊比鳩魯派的原子論與亞里斯多德學派的四元素論，雖然在「冷熱乾濕等『性質』是否為終極實在」這點上對立，但在以不變事物解釋變化這點上是共通的。另外，主張終極實在是理念的柏拉圖派、認為自然現象是源於普紐瑪（pneuma）的緊張與弛緩的斯多葛派，也都是為了回應巴門尼德的觀點而提供的解釋。這些雅典學派從各自的首要原理出發，發展出哲學和作為其一部分的自然學。直到近世仍有巨大影響力的逍遙學派（Peripatetic school）的四元素說，也得到亞里斯多德在其生物學著作中的具體研究支持。

另一方面，科學史家寇恩（Floris Cohen）則指出，在亞歷山卓發展起來的科學應該視為另一潮流。歐幾里得（前三世紀上半葉）的《幾何原本》體現的是數學伴隨嚴密證明的成立，以及將之運用在自然現象的公式化上。他用幾何學的方式，對「遠的東西看起來比較小」的視覺問題以及鏡子裡所見的事物進行分析（歐幾里得《光學》、《反射光學》）。多次將自己的著作寄給亞歷山卓城的阿基米德（Archimedes, ca. 287-212）雖以槓桿原理（保持均衡時，重量與支點的距離成反比例）和浮力原理（物體在液體中會減輕的重量，相當於其所排開液體）而聞名，但實際上這些都不是「原理」，而是要從「等距離下，相等的重量會保持均衡」這種單純假定進行證明的（齋藤憲《解開阿基米德的「方法」之謎》，岩波書店，二〇一四年）。

由托勒密（二世紀上半葉）集大成，用圓弧運動的巧妙組合來建立了模擬行星運動的模型，直到近世為止都是計算天文學的基礎。雖然時代比這個要早一點，不過以數字比率來表示音律的音階論（harmony）通常被歸功於阿爾庫塔斯（Archytas）的重要業績，《圖形分割》（*The Euclidean Division of the Canon*）一書以歐幾里得之名流傳下來。只是各理論都侷限於特定現象，並沒有看見以數學來掌握整個自然界的野心。

超越這種侷限、將數學認定為首要原理，是近代科學成立時才實現的，也可以說是雅典與亞歷山卓城的融合。為什麼這種情況不出現在希臘或阿拉伯，而是只發生在十七世紀的西歐，其原因是科學史上最大的論題。

CHAPTER

nine

第九章 希臘化時代的哲學

荻原理

ヘレニズムの哲学

一、希臘化哲學的意象

希臘化哲學與世界哲學史

希臘化時期（Hellenistic period）是介於古典希臘時代與羅馬時代之間的時期，大約從西元前三二二年延續到前三〇年。這一時期不僅是哲學史上的一個分期，也是政治史上的一個重要階段。在哲學史上，古典時代最後的哲學家亞里斯多德於西元前三二二年逝世，隨後的希臘化時期的哲學代表包括斯多葛派、伊比鳩魯派和懷疑派。在古典時代與希臘化時期，地中海世界主要使用的語言是希臘語，而到了羅馬時代，拉丁語則與希臘語並駕齊驅，成為哲學的重要語言。

讓我們也來看看政治史。西元前三二三年，亞歷山大大帝逝世後，帝國被他的繼承者們分割。亞歷山大和他的繼承者是希臘文明的主要推手。不久之後，羅馬勢力擴張，最終在西元前三〇年徹底奪取了地中海世界的霸權。

以下主要討論希臘化時代哲學具代表性的三派中的斯多葛與伊比鳩魯派。

既然本書名為世界哲學史，那麼當然應該展現通常在哲學史中所見不到的世界性才對。那麼，希臘化時代的哲學記述能展現出怎樣的世界性呢？

從「地中海世界與其他地區交流」的角度來看希臘化時代的世界性，顯然並沒有太多道理。希臘化時代哲學的主要舞臺一直侷限於地中海世界，特別是以雅典為中心。雖然有段軼聞提到，隨著亞歷山大東征，懷疑派的創始人皮浪（Pyrrho, ca. 365-270 BCE）曾經與印度的修行者和神官相會，但這並不足以證明其具有世界性。

那麼，如果希臘化時代的哲學記述將哲學與其他領域（例如其他文化領域，或政治和經濟等因素）的相互影響納入考量，這樣就能夠認為其具備「世界性」嗎？這樣的說法也並不成立。儘管我們總感覺應該存在某種重要的影響關係，但在討論這種相互影響時，事實上常常給人一種空想或獨斷的印象。

黑格爾、馬克思、策勒（Eduard Zeller）等哲學家認為希臘化時代的哲學是從現實逃避到觀念，這一觀點非常有趣；不過，與其說他們確切把握了希臘化時代哲學的本質，不如說他們對這種哲學的印象十分引人注目（我們很快會回頭看這一點）。

在接下來的篇章中，我想探討希臘化時代哲學記述的「世界性」。我們將聚焦於「這個哲學在世界上究竟是什麼」這個問題。因此，要從這個角度理解斯多葛派和伊比鳩魯派的哲學，必須進行以下兩項工作：第一，內部理解這些哲學；第二，記錄外部者對這些哲學的認知。外部對這些哲學的印象通常都是扭曲的，但這種誤解現象也是這些哲學在世界上經歷的一部分。因此，同時考察希臘化時代哲學的實際樣貌及其在世間流通的印象，才能確保不負世界哲學史之名的視野。

接下來，我將首先介紹關於希臘化時代哲學的一些負面印象，然後再闡述我對斯多葛派與伊比鳩魯派的理解。

希臘化時代哲學的負面印象

對於希臘化時代哲學，通常存在以下幾點印象：（1）沒有什麼了不起的、（2）不夠精湛、（3）無可救藥。

我對於希臘化時代哲學被認為具有這些「特徵」持反對意見。然而，我並不打算直接對這些觀點進行硬碰硬的反駁。相反地，正如俗諺所說的「無風不起浪」，我想逐一指出造成這些印象的主要因素。

造成印象（1）的主要因素是：希臘化時代是緊接著古典時代。而古典時代是蘇格拉底、柏拉圖、亞里斯多德等哲學巨人活躍的黃金時期。因此，希臘化時代的哲學家很容易就被看成比古典期的巨人矮上一截。

造成印象（2）的主要因素是：希臘化時代哲學家的著作幾乎都只留下斷簡殘篇，而柏拉圖與亞里斯多德則留下了大量完整的著作集，這使得讀者能夠反覆閱讀，充滿喜悅地探究文本的各個部分及其哲學體系的整體樣貌，或是體系的變動狀態。然而，像斯多葛派的克律希波斯（Chrysippus）或伊比鳩魯的大部分著作同樣只留下斷簡殘篇，這也是無可奈何的情況。

造成印象（3）的主要因素是：基督教對西方哲學的形塑力相當強大。在基督教的視角中，古代希臘哲學家常被視為傲慢的。他們不期望神的拯救，認為只要透過人的理性就能實現幸福。儘管如此，在古代異教徒中，柏拉圖和亞里斯多德相對較為受歡迎，因為他們將目光投向超越物質層次的精神層面。相比之下，斯多葛派和伊比鳩魯派則將神與靈魂視為物體，這種看法更是令人無法接受。

我在此不僅不想對這三個印象提出反駁，也不想涉入「造成這些印象的要素是否真的具有正當性」的問題。我只是忠實地記述希臘化時代哲學所受到的負面觀感。

這樣的記述或許會讓人覺得有些粗暴，但我們談論的是世界哲學史。許多人對某種哲學不抱善意理解，這並不是世界的常態嗎？世間流通的印象所蘊含的苦味與雜味，正是世界性的味道。

以下雖然不算是換個角度，但我想描繪出斯多葛派和伊比鳩魯派的實際樣貌。某種哲學本身究竟是什麼，實際上也是「它在世界上究竟是什麼」這個問題的一部分。

在考察時，我希望將斯多葛派和伊比鳩魯派如何理解世界或宇宙作為記述的突破點。如果將對世界的哲學性把握稱為「世界哲學」，那麼斯多葛派與伊比鳩魯派便是世界哲學歷史中令人深感興趣的兩個篇章。最後，我也會簡單提到懷疑派。

二、斯多葛派

斯多葛派的哲學家

斯多葛派的創始者是季第昂的芝諾（Zeno of Citium, 333/332-262/261 BCE）。約在西元前三百年，芝諾在雅典的彩色柱廊（Stoa Poikile）開始教學。第二代領袖是克里安西斯（Cleanthes, 232 BCE逝世），他著有《宙斯讚歌》。第三代領袖是克律希波斯（Chrysippus, 208/204 BCE逝世），他在邏輯論證方面相當精湛，著作繁多，堪稱權威。他們被稱為「初期斯多葛派」。隨後的中期斯多葛派有帕奈提烏斯（Panaitios，前二世紀）和波希多尼（Posidonius，前二世紀至前一世紀），而羅馬時期的塞內卡（Seneca）、愛比克泰德（Epictetus）、馬庫斯．奧理略（Marcus Aurelius）則被稱為後期斯多葛派。

對斯多葛派而言，世界是怎樣的地方？

根據斯多葛派的說法，整個世界都是受到邏各斯（logos）所支配，而邏各斯也可以視為神或自然（physis）的代名詞。然而，斯多葛派所理解的神，對於人的言行不會有情感、思念或行動等反應，反而是一種讓世界發展運作的程式。

在這個世界上，任何事物都在理性架構中占據一席之地，並在世界的理性發展中扮演一個角色。人類同樣如此，但由於人本身擁有理性（邏各斯），因此在世界上占有特別的位置。人的理性是支配整個世界的邏各斯的一部分；讓自己的理性維持在良好的狀態且順利運作，就等於是積極參與邏各斯對世界的支配。理性地認知、行為和生存是人類的課題；這樣活著不僅是人生的目的，也是達成幸福的途徑（稍後將提及斯多葛派的幸福觀）。

斯多葛派的存在論是一種唯物論。要區分自立存在的事物與依附於此種存在的事物，斯多葛派認為，自立存在的東西是物體，也就是能夠抵抗外在壓力並在三維空間中擴展的事物。作為神的邏各斯是自立的存在，因此也是物體。在這整個物體的世界中，邏各斯以物體的形式交雜並廣布。邏各斯引發的世界運動便是物體之間的作用。

生物的靈魂以及靈魂的美德與邪惡也都是物體。在將靈魂視為物體這一點上，斯多葛派與伊比鳩魯派相似。對這兩派而言，生物是在鈍重的身體這個物體中廣布著輕盈的靈魂這個物體；而靈魂對身體、身體對靈魂的作用，正是兩物體之間的相互影響。這樣，兩派已經防範了笛卡兒身心二元論所帶來的難題。

斯多葛派立足於自然與物質兩個原理，認為自然作用於自身是無性質的物質所產生的結果，從而使具體的物體得以成立。

遵循希臘的慣例，斯多葛派也談論地、水、火、風這四種元素；同時，他們像赫拉克利特一樣，認為火具有特別的地位。然而，火在斯多葛派的定位並不那麼簡單。他們將支配世界的邏各斯視為與火同樣的存在，但對火的理解有以下幾點：首先，只有火是不論何時都不會從世界上消失的。斯多葛派教義認為，每經過一段時間，整個世界將只剩下熊熊燃燒的火，然後又開始一個新的週期。其次，火能夠產生地、水、風。在世界燃燒後不久，地、水、火、風四大元素便會齊備，但若要從僅有火存在的狀態催生出地、水、風，那這種力量除了火以外，別無他物。

斯多葛派的解釋更為複雜。他們認為當火與自己所生出的空氣混合，就會形成氣息（Pneuma）。邏各斯實際上就是這種氣息。氣息在宏觀層面上廣布於整個世界，在微觀層面上則存在於各個物體中。不論如何，輕盈而靈動的氣息都會與沉重的水與土混合在一起，並與廣布的物體保持緊張關係，從而將其組織化。在這一過程中，熱的火會膨脹，而冷的空氣則會收縮，並適度調節。各個物體如果具備高度的功能，就會產生更高的緊張感。生物的功能比無生物更高，而動物的功能又比植物更為優越，人類的功能則比其他動物更高。靈魂正是廣布在生物中並將其組織化的氣息。

判斷、行為：以對表象的同意來說明

斯多葛派主張，判斷與行為都是「靈魂的統轄部分（hegemonikon）對自己所接收到的表象（phantasia）給予同意」的結果。

靈魂可以分為八部分或八種能力：五感、生殖能力、說話能力以及統轄部分。統轄部分位於心臟，其他部分則分散在身體各處。

對於判斷，可以用以下方式來說明：當某物出現在人面前時，靈魂的統轄部分會接收到「這是杉樹」這類內容的表象。換句話說，人會暫時覺得「這大概是杉樹吧」。如果統轄部分同意這種表象，那麼人就會做出「這是杉樹」的判斷。若對這種合意有所保留，則會認為「雖然看起來像杉樹，但我不太確定」，從而對判斷保持保留。值得一提的是，表象的明確性和確實性存在程度差異，只同意那些確實的表象會比較安全，因此賢者在這方面都非常慎重。

關於行為，可以這樣解釋：當別人的錢包擺在自己眼前時，人的靈魂統轄部分會接收到「去偷竊它吧」的內容表象，即受到偷走這個錢包的誘惑驅使。這種促進行為的表象稱為「衝動的」表象。如果同意這個表象，人就會偷走錢包；若對這個合意有所保留，就不會偷竊。斯多葛派所提到的「對表象給予同意的能力」，可以視為後世意志概念的先驅。

斯多葛派認為，即使在相同的情況下，人所接收到的表象也會有所不同。要形成「這大概是杉樹吧」的第一印象，也就是接收到「這是杉樹」的表象，需要一定的視力，並且必須了解杉樹的特徵。倫理觀念端正的人不會受到盜竊他人錢包的誘惑；換句話說，即使在同樣的情境下，他也不會接受「去偷竊它吧」的表象。

宿命論

斯多葛派認為，包括人類的思考、決心和行為在內，甚至所有在世界上發生的大小事都是事先被決定的。

假設現在的我身處某種情況，思考該怎麼做，並下定決心「就這樣做」，然後實際去執行。根據斯多葛派的說法，我被置於這種狀況本身就是事先被決定好的。不僅如此，就連我思考該怎麼做、下定決心以及實際行動的過程，也都是預先決定的。

斯多葛派相信世界具有完整的秩序，並將這種決定論立場與宿命（heimarmene）結合在一起，以多種方式表達。

關於斯多葛派的宿命論，常會產生一些誤解。例如，如果我生病了，希望能獲救，因此打算找醫生。根據斯多葛派的說法，我是否能獲救全都是已經決定的。既然如此，我是否真的需要特意找醫生呢？因為無論我是否尋求醫療，能否得救都是注定的——可能會有人因此誤解斯多葛派的主張就是這麼一回事。

但實際上，斯多葛派並沒有主張因為我會得救是注定的，所以不叫醫生也會得救。在各種事件之間，存在著「若A不發生，則B也不會發生」這種「被宿命聯結在一起」的關聯。也就是說，如果不叫醫生可能會導致無法得救，那麼我當然應該去叫醫生；但如果我叫了醫生卻還是沒能得救，那麼我也應該將這一切視為宿命，並坦然接受。

對於斯多葛派的宿命論，有這樣一個疑問：假設某個人做了一件壞事。如果按照斯多葛派的說法，人所做的每一件事情都是事先決定的，那麼為何要責罰這個人呢？這樣的做法似乎就不合理了，畢竟這個人也只是被迫如此行動。

對於這個疑問，斯多葛派的回答是：不，責罰這個人並沒有不合理之處。這個人之所以會犯下罪行，主要的原因是此人自身在倫理上的劣根性。

對於這點，我們再仔細考察。以某個人偷了他人的錢包為例，我們可以指出兩個主要原因：第一，這個人處於「接近他人錢包」的情境中；第二，他在倫理上的劣根性。正因為這種劣根性，他才會接受「去偷竊它吧」的表象並贊同這種行為。然而，斯多葛派認為，發生「這個人偷走錢包」這一不當行為的主要原因仍然是他在倫理上的劣根性；相較之下，他處於這種狀態只是一個次要原因。

確實，當這種事情發生時，這個人的劣根性也是事先被決定的，這意味著：「這個人主要是因為自己的性格而做了壞事，因此他必須對這件壞事負起責任。」而這一點同樣是事先被決定的。

因此，我們可以說，斯多葛派對自由與必然性的問題展現了一種前後一致的視角。

斯多葛派的價值論、倫理學

各個事物都有其本來的樣貌，即自然本性（physis）。若各事物能夠盡量依從自己的自然本性，就能與支配整個世界的自然相一致。

以人的情況來說，隨著成長階段的變化，「適合自然本性」的內涵也會有所不同。幼兒與其他動物一樣，為了保存自己，需要解渴或充飢，這是該階段因應自然本性的行為。自我保存的慾望，正是「被與自己親密的事物所吸引」的普遍現象之一。當人類獲得理性並使之不斷發展時，對自己親密的事物的內容也隨之豐富，範圍得以擴大。其中之一，就是對所屬共同體的認同感；更進一步，也可能形成把自己視為「世界公民」的認知。

正如前述，幸福就是依循自然而生——這是承襲自錫諾普的第歐根尼（Diogenes the Cynic）的觀念——與支配整個世界的邏各斯相互吻合地生活。這樣的生活將呈現出一貫性。

達成幸福的首要條件就是德行，而道德與智慧是等同的。擁有道德和智慧的人，即使身為奴隸或遭受劇痛侵襲，仍然能保持幸福。因此，我們不必擔心幸福會被他人強奪而去。

真正意義上的「善」只有道德，而真正的「惡」則是邪惡與愚昧。除此之外的事物，如健康、疾苦、財富、貧困、美貌、醜陋等，都是無善也無惡的。

不過，從更廣泛的意義來看，這些無關善惡的事物之間仍然存在價值上的區別。健康被視為我們「偏好的事物」，而疾病則是我們「討厭的事物」。在行為選擇上，有多種選項可供選擇，在善惡相當的情況下，選擇偏好的行為是符合自然的。

因此，在某些時刻會出現「合乎時宜的行為」；在特定情況下，參與政治、自殺或亂倫等行為可能都被視為「合乎時宜」。

由此可見，「情念」（pathos），如悲傷、憤怒、嫉妒、同情、悅樂和苦痛等，都是非理性的。而免於一切情念的自由狀態（apatheia）才是理想的境界，所謂的「有智慧者」正是這一理想的體現。然而，智者仍然能擁有像喜悅這樣的「好感情」。這種以平靜的心靈認識世界的樣貌，從而感受到的喜悅，近世的史賓諾莎也曾提及。

三、伊比鳩魯派

伊比鳩魯派的哲學家

伊比鳩魯（Epicurus, 341-271 BCE）出生於薩摩斯島，於西元前三〇七或三〇六年在雅典郊外創辦了被稱為「庭園」的學院。在伊比鳩魯派中，他被視為權威。其著作包括《基準論》（*On the Criterion*，一本關於知識論的著作）、《論自然》（*On Nature*）及幾封書信，但現存的完整作品僅有三封書信。該學派的成員還有菲洛得摩斯（Philodemus）和盧克萊修（Lucretius, 99-55 BCE），後者以拉丁文長詩形式創作了《物性論》（*De rerum natura*）。在羅馬時期，奧諾安達的第歐根尼

（Diogenes of Oenoanda）曾將伊比鳩魯派的教誨刻在巨大的石碑上，以便於更廣泛的傳播。

對伊比鳩魯派而言，宇宙和世界是怎樣的地方？

在伊比鳩魯派的觀點中，宇宙與世界是有區別的。整個宇宙包含了眾多被稱為「世界」的事物總和。相比之下，斯多葛派則認為世界只有一個，因此不需要特別區分世界和宇宙。

伊比鳩魯派的宇宙論，可以簡單描繪如下：

在宇宙中，唯有原子與虛空能自立存在，原子即為物體。

宇宙是無限寬廣的，並且充滿無限多的原子。

宇宙自永恆的過去到永恆的未來一直存在，各個原子也是不生不滅的。

原子具有形狀和大小，這些特性絕對不會改變。在宇宙中，同樣大小和形狀的原子是無限存在的。每個原子都有重量，且其重量與大小成比例。然而，這些原子是無色、無味且沒有聲音的。

原子是會運動的。它們之間會發生碰撞、反彈和結合，並能夠形成群體。

我們肉眼所見的物體都是由原子群組成的。我們認為的固態物體是密集的原子群，而氣體則是鬆散的原子群。

就像之前提到的，在生物身體的原子群中，散布著作為靈魂的原子群。雖然同一個地方不能被多個原子同時占有，但身體的原子群和靈魂的原子群之間存在縫隙，因此可以在同一空間中共存。

原子群是有生有滅的。構成原子群一部分的原子會飛出，同時也會有新的原子進入。無論是生物的身體還是靈魂，所組成的原子都會發生交替。當生物入眠時，充滿身體的靈魂大部分會脫離身體；而醒來時，剩餘的靈魂則會迅速召喚周圍適當的原子，恢復到原先的狀態，重新充滿身體。生物死後，靈魂會解體；換句話說，「我死則我滅」。

世界也是一種原子群。在無限大的宇宙中，有著無限個世界。一般來說，每個世界的中心都是地球，周圍環繞著各種天體。然而，世界的大小和樣貌是無限且多樣的，因此存在著有生物的世界和無生物的世界；而在有生物的世界中，各種生物的形式也各自不同。樣貌相同的世界有無數個。

相較於世界內部，世界與世界之間的領域中，原子的分布大致上較為鬆散。

原子的運動法則與打破法則的要因

伊比鳩魯似乎認為原子有其基本的運動法則。他的思考大致可以用以下方式描述：

第一，原子在沒有外力施加的情況下，原則上會垂直落下。第二，關於原子之間碰撞的結果，可以用以下形式來表述：「朝某一方向以某種速度運行的、具有特定大小和形狀的原子，與從另一個方向以某種速度運來的、具備特定大小和形狀的原子相互碰撞，在原則上會產生出如此這般的結果……」

關於這一原則，存在兩個例外：首先，在被稱為意志的靈魂運作中，構成靈魂的原子運動未必遵循這種基本運動法則。其次，即使我們將意志的運作視為特例，原子有時仍會突然偏離其基本運動法則所預設的軌道。

伊比鳩魯認同第一種例外的原因在於，他認為人所具備的意志並不是事先決定好的，而是在意志的作用下被決定的。如果構成靈魂的原子僅依循運動法則，在完全被決定的情況下運動，那麼人具備的意志也將是預先確定的。然而，靈魂的作用確實是由構成靈魂的原子運動所承擔，但靈魂可以使這些原子按照執行意志所需的方式運動。

至於伊比鳩魯為什麼認同第二個例外，即原子的突然逸脫，他的看法大致如下：即使在宇宙中沒有具備意志的生命體，原子之間也應該會發生碰撞。然而，如果沒有逸脫現象的存在，所有原子將只會以相同的速度垂直落下，而不會彼此接觸。

擬像

按照伊比鳩魯的說法，人之所以能夠看到物體，是因為物體的表面會不斷剝離出一種稱為「擬像」（eidolon）的薄膜，並向各個方向飛出。當某個物體發出的擬像掠過我們的眼前時，我們便能看見這個物體。

這種視覺觀可以回答以下疑問：「觸覺或味覺之所以能認知對象的形態，是因為感覺對象與感覺器官直接接觸。然而，對於視覺而言，物體明明遠離眼睛，我們為何能認知到其形態？」伊比鳩魯的回答是：從物體表面剝離的擬像，作為該物體的拷貝，傳達出它的形態。當這些擬像抵達視覺器官時，我們便能認知到對象的形態。

至於遠方的四角形塔為什麼看起來像圓形，則是因為擬像在長距離飛行的過程中，有一部分變得模糊了。

伊比鳩魯不僅針對視覺，還用擬像來解釋聽覺與嗅覺：當從物體剝離的擬像朝向耳朵飛去時，我們就能聽到聲音。

不屬於感覺的想像也可以用擬像來解釋。人看上去像是半人半獸的生物，是因為從人身上飛出的擬像與從獸身上飛出的擬像相互碰撞後形成的擬像進入了人的身體。此外，當人渴望某種東西時，心中浮現出的影像又是為什麼呢？這是因為在人的周圍充斥著從各種事物散發出來的擬像，而人則會透過意志將這些擬像中適合的部分納入身體之中。

價值論

伊比鳩魯主張，善就是「快樂或能帶來快樂的事」，而惡則是「苦痛或能帶來苦痛的事」。

快樂可以從多個角度來區分。首先，飲食所帶來的「身體快樂」與哲學所帶來的「靈魂快樂」是不同的，其中靈魂的快樂才是真正的快樂。

其次，還可以區分「動態快樂」與「靜態快樂」。去除苦痛的過程所產生的快樂屬於動態快樂，而從一開始就不存在需要去除的苦痛的快樂則是靜態快樂。空腹時吃東西所帶來的快樂是動態快樂，而沒有空腹狀態的快樂則是靜態快樂；靜態快樂才是真正的快樂。

另一方面，「不必要的欲求」與「必要的欲求」也有所區分。對於必需食物的渴求是必要的，因為這是維持健康的需要；但對美食的過度追求則屬於不必要的欲求。對名譽的渴望也是不需要的。拋棄不必要的欲求是一件好事，而滿足必要的欲求其實並不難。

幸福就是「寧靜」（ataraxia），即身心不受苦痛擾亂，處於靜態快樂的狀態。因此，因為靈魂可能會受到擾亂，所以不應參與政治，而應選擇「隱居」。

用哲學促成寧靜

伊比鳩魯認為，哲學是實現寧靜的關鍵。畢竟，人之所以遠離寧靜，主要有兩個原因——

害怕神的懲罰和對死亡的恐懼，而這兩點都可以透過哲學的理解來消除。

首先，對神懲罰的恐懼可以透過「神不會懲罰人」的認知來消除。神是完全的存在，處於自我圓滿的狀態，已經沒有必要再多作什麼，因此也沒有理由介入人間事務。這種說法或許讓人感覺伊比鳩魯將神視為一種「抱持滿足感的自立存在者」，關於這一點我稍後會再詳述。

為了消除對神懲罰的恐懼，伊比鳩魯試著透過原子論的自然學來解釋一般認為是神的作為的各種現象，例如「打雷」。

伊比鳩魯批評宗教，因為宗教將對神懲罰的恐懼深植於人的心靈之中。

至於讓人遠離寧靜的第二個原因——對死亡的恐懼，根據伊比鳩魯的說法，可以透過以下的論點來消除。人會恐懼某些事物，通常是在面臨傷害或痛苦的情況下。然而，死亡並不會對人造成損害；活著的時候，死也不會造成危害，因為死亡尚未到來；而對於死亡之後，當然更不會受到危害，因為那時人已經不存在。

神

伊比鳩魯對神的存在身分是如何認識的呢？他有兩種解釋。

第一種解釋是，眾神被視為在世界與世界之間的領域中輕輕漂浮的原子群。這種狀態使得神的不滅性得以實現。作為物體的神，會從其表面剝離並散發出擬像。這些擬像會抵達我們的世界並進入其中。當我們的身體在睡眠時，特別容易捕捉到神的影像；因此，我們會在夢中看到神的身影，並形成對神的觀念。

伊比鳩魯對神的認識還有第二種解釋：人們對「幸福是什麼」有一定的理解，為了將幸福的理想狀態具象化，我們會在無意識中將這種理解投影到眼前，形成幸福的存在——即眾神的擬像。看到這些眾神的形象，我們會認為眾神是自立的存在，這與費爾巴哈的思想頗為相似。

確實，在伊比鳩魯派的文獻中，有支持第一種解釋的文字。然而，根據第二種解釋，這反映出伊比鳩魯身處於一個「否定神是自立存在會招致危險」的時代與社會，他的真正想法可能被包裝成一種妥協，以符合當時的普遍觀點。

在關於伊比鳩魯派的記述的最後，簡要說明「原子論」。近代科學在探究原子論的架構上，與德謨克利特和伊比鳩魯的自然學有著共通之處。然而，像近代科學那樣，**透過數學公式**來處理物體的運動法則，則是古代哲學家所未曾想到的。

四、懷疑派

希臘化時代的懷疑派分為皮浪派（Pyrrhonism）和柏拉圖學院派。皮浪派由皮浪創立，經埃奈西德穆（Aenesidemus，前一世紀）復興，因其對各種問題的判斷持保留態度，採用了以下的方法：當某種說法被認為有說服力時，也應承認其相反說法同樣具有說服力，進而在兩者之間取得均衡。

柏拉圖在雅典開設的學院隨著時期而有所不同。在阿爾克西拉烏斯（Arcesilaus，前二六五左右成為學派領袖）、卡爾內阿德斯（Carneades）擔任學院領袖的時期，學派持懷疑派的立場。對懷疑派而言，世界是一個不斷進行懷疑和探究的場所。首先，這裡充滿了論爭和辯論。其次，儘管我們對「確定性」（Certainty）一無所知，卻仍然必須頻繁地做出即刻的判斷，並依此行動。

在這裡介紹一個柏拉圖學院派與斯多葛派之間的爭論。斯多葛派引入了「可掌握的」表象概念，旨在確保「認識客觀世界的可能性」。這種表象非常明確，即便同意也不必擔心錯誤的情況。然而，卡爾內阿德斯對此提出批評：即便真的存在這種表象，當下的自己如何能夠確定這個被認為是「可掌握」且值得同意的表象呢？在這裡，我們可以看到與近代知識論相關的問題視角。

延伸閱讀

安東尼·朗（Anthony Arthur Long）著，金山彌平譯，《希臘化時代哲學》（京都大學學術出版會，二〇〇三年）——希臘化時代哲學教科書的權威著作。世界級權威寫的這本書均衡感極佳，視線敏銳，而且敘述明確詳盡。

內山勝利編，《哲學的歷史II：古代II——帝國與賢者》（中央公論新社，二〇〇七年）——討論希臘化與羅馬時代的哲學以及新柏拉圖主義等。是本清楚呈現出執筆者（小池澄夫、神崎繁、金山彌平、國方榮二、荻野弘之等）個性、敘述深入書籍。相關書目、專欄、圖像等也都很充實。

神崎繁、熊野純彥、鈴木泉編，《西洋哲學史II：「知」的變化、「信」的階梯》（講談社選書metier，二〇一一年）——〈1希臘化時代哲學〉（近藤智彥）的記述短而堅實，相當出色。有提及研究史與研究狀況，書目也很充實。

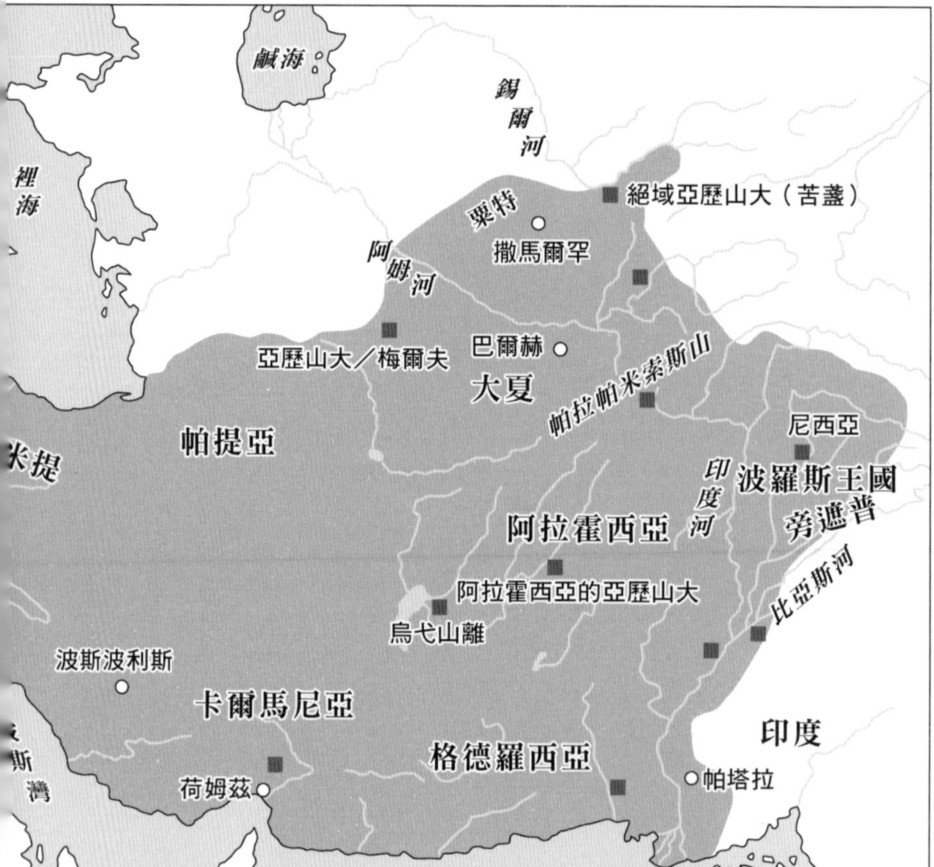
鹹海
錫爾河
裡海
絕域亞歷山大（苦盞）
粟特
撒馬爾罕
阿姆河
巴爾赫
亞歷山大／梅爾夫
大夏
帕拉帕米索斯山
帕提亞
米提
尼西亞
印度河
波羅斯王國
旁遮普
阿拉霍西亞
阿拉霍西亞的亞歷山大
比亞斯河
烏弋山離
波斯波利斯
卡爾馬尼亞
印度
格德羅西亞
帕塔拉
荷姆茲
斯
灣

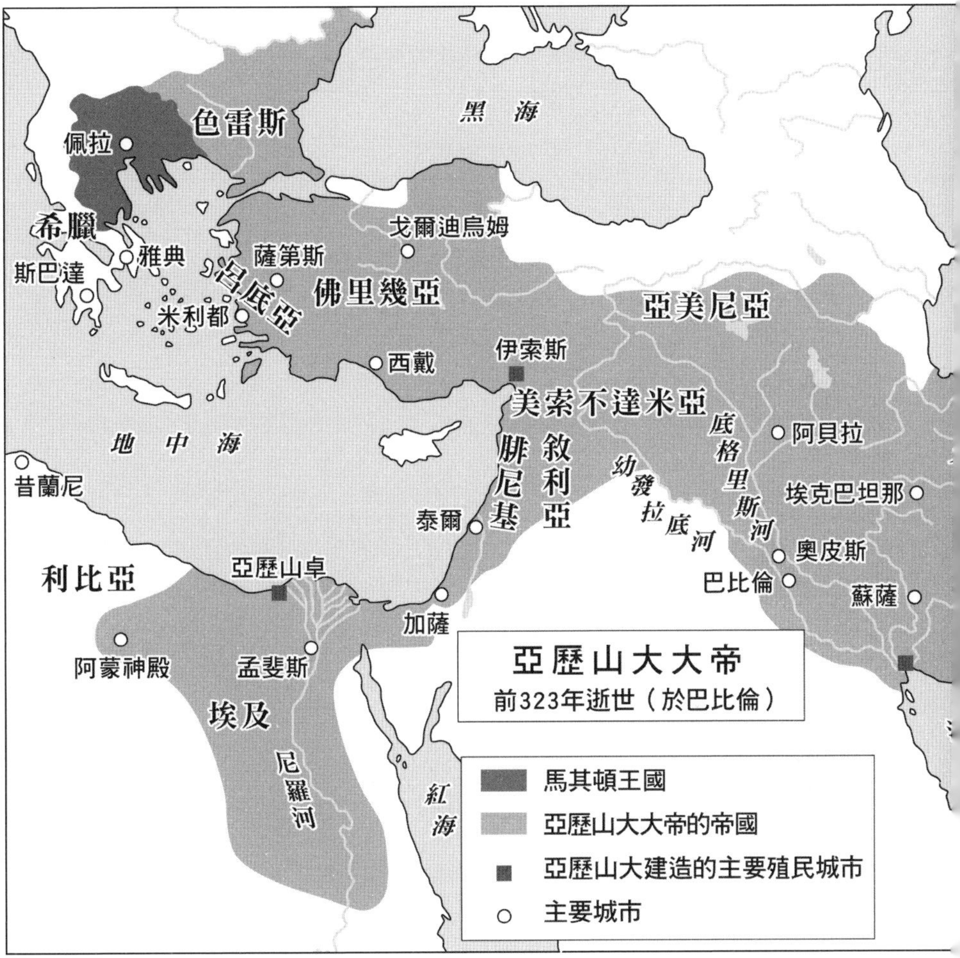

亞歷山大大帝的帝國（西元前三三六至三二三年）

CHAPTER

ten

第十章

希臘與印度的相遇及交流

金澤修

ギリシアとインドの
出会いと交流

一、實現異文化交流的歷史背景

兩種文化接觸的開端

希臘與印度是古代兩大繁盛的文明。這兩種在不同文化傳統下發展起來的思想，從歷史的角度來看，它們的相遇是由多種偶然因素累積而成的結果。然而，以此為起點，隨後興起的兩大思想交流在某種意義上也是必然的。在本章開頭先概覽這兩種思想相遇的過程。

馬其頓的亞歷山大大帝於西元前三三〇年滅亡了波斯帝國（阿契美尼德王朝）後，前三二六年更進一步在渡過印度河，抵達印度的旁遮普地區。之後他原本打算繼續朝恆河進軍，但遭到部下反對，只好折返馬其頓，結果在歸國途中於前三二三年逝世。根據阿里安（Arrianus）的《亞歷山大大帝遠征記》（*Anabasis Alexandri*，第七卷第一節）、普魯塔克（Plutarchus）《希臘羅馬名人傳》（*Vitae parallelae*）〈亞歷山大傳〉（第六五章第一節以下）、史特拉波（Strabo）《地理學》（*Geographica*，第一五卷第一章第六三節以下）等資料，亞歷山大在遠征的高峰期曾與印度的「賢者」相遇，並透過多位翻譯與他們問答。在塔克西拉（Takkasila）附近，他更是遇到了「裸身的賢者」，並邀請其中一位精通梵學的僧侶卡拉諾斯（Kalanos）同行。卡拉諾斯後來在波斯地區健康惡化，最終決定在生前舉行火葬。這一事件可以視為希臘思想與印度思想的直接交會點。

戰爭、議和與希臘人的殖民

在亞歷山大逝世後，他的將軍們在古稱「大夏」的阿富汗周邊爆發了衝突，這場衝突後世稱為「繼業者戰爭」。結果，繼承舊波斯帝國領土的塞琉古建立了敘利亞塞琉古王朝（Seleucid Dynasty）。另一方面，約在西元前三二〇年，印度的旃陀羅笈多打倒了難陀王朝，建立了第一個統一王朝——孔雀王朝；他為了奪回過去被亞歷山大占有的土地，開始向西進軍。自前三〇六年以後，塞琉古王朝與孔雀王朝屢屢發生戰爭，但戰況陷入膠著，最終雙方選擇議和。

隨著時代推移，擔任塞琉古王朝大夏總督的迪奧多特（Diodotus）於前二五五年左右建立了自己的王國。此後，希臘人在大夏及其周邊建立了諸多王朝，控制範圍遠達旁遮普地區。

希臘思想與印度思想的相遇正是在這樣的背景下發生的。當然，在此之前，希臘已經獲得了有關印度的消息，但隨著亞歷山大東征後作為兩者媒介的波斯帝國瓦解，希臘文化與印度文化才意外地實現了直接接觸。兩者在大夏周邊的交會，標誌著「東洋」與「西洋」在哲學史上的分界線首次被打破。

二、皮浪與印度思想的接觸

懷疑主義者皮浪與東征部隊

亞歷山大大帝的隊伍中，有亞里斯多德的姪子卡利斯提尼（Callisthenes）、日後被視為懷疑主義之祖的皮浪（參見第九章），以及皮浪的老師阿納克薩圖斯（Anaxarchus, 380-320 BCE）。因此，可以推測他們在東征途中曾與東方思想接觸與對話，這樣的假設並非不可能。正因為有這樣的背景，一些研究者將皮浪與印度思想相聯繫來進行研究。事實上，西元後三世紀的哲學家第歐根尼·拉爾修在《哲人言行錄》中，針對這一點做了以下報告：

> 皮浪（略）追隨阿納克薩圖斯學習。因為老師的足跡遍布各地，他也跟著到處走，所以據說他曾與印度的「裸身賢者」或波斯的賢者（Magus）交流。可以認為，從這裡開始，他以最崇高的方式從事了哲學活動。他將阿布達拉（Abdera）的阿斯卡尼俄斯（Askanios）所提出的主張，即「對事物本身樣貌的無法掌握性（acatalepsy）」與「對事物樣貌的判斷保留（epoche）」引入了哲學之中。關於這一點，他這樣說道：在這世上的事物中，並不存在絕對的美、醜、正確與不正確的區別。同樣地，對於各種事物，並沒有真真切切的「就是這麼一回事」的狀況；所有的一切只是人們透過法律與習慣所定義的，「就是這麼一回事」罷了。（第歐根尼·拉爾修，《哲人

言行錄》第九卷第十一章第六一節）

在這段記述中，皮浪與印度人和波斯人相遇後，第歐根尼使用了「從這裡開始」這一表示因果關係的連接詞，可以解釋為皮浪掌握了「無法掌握性」與「判斷保留」的方法。那麼，我們可以認為這樣的相遇之間存在某種影響關係嗎？究竟是否真的有與皮浪思想相似的觀點呢？讓我們試著比較印度思想與皮浪主義。

刪闍夜的懷疑主義與皮浪主義

在佛教興起的時代，出現了若干反權威主義的思想，與既有權威的婆羅門教相對立。其中值得注意的學派之一，就是刪闍夜．毗羅胝子（前五世紀左右）所率領的。在《長部》中的一篇——〈沙門果經〉裡，當刪闍夜被問到來世的問題時，他回答說：這一問題本質上是關於遠離善惡業報等日常生活的，因此無法輕易斷定，自己也無法做出確切的主張。這種態度可以視為印度的懷疑主義，並且與皮浪的「無法掌握性」與「判斷保留」的思想類似。然而，由於我們對這個學派在亞歷山大時代的實際情況並不清楚，因此無法確定它是否與皮浪有所接觸或產生影響。

佛教與皮浪主義

刪闍夜對於與日常修行、實踐無關的問題保留自己的主張，佛教稱之為「無記」。在《中部》的〈箭喻經〉中，尊者摩羅迦子向佛陀（悉達多）提出了一系列在希臘哲學中同樣存在的疑問：「世界是永恆的嗎？是有限還是無限？生命與身體是相同還是相異？」面對摩羅迦子的這些問題，佛陀並未作答；這是因為這些問題與滅除苦楚、帶來心靈平靜的佛教目標並不相容。這一點與皮浪所追求的終極目標——「心靈的寧靜」頗為相似。

佛教認為，萬事萬物的存在並非由某個單一的實體「我」（梵語稱為「atman」、巴利語稱為「attan」）為中心所組成（諸法無我），而是由眾多要素匯聚而成（緣起），且這些要素是不斷變化的（諸行無常）。人生中的各種苦惱，都是因為無法接受諸法無我、諸行無常和一切皆緣起的事實，從而對某一時刻的「存在方式」抱持執著。換言之，我們不能執著於「對象X就是A」這種將各種存在歸諸於單一要素的「實相或存在方式」。這種在相對觀點背景下，對事物的「存在方式」保持「判斷保留」的態度，與皮浪的主張頗有相似之處。

然而，佛教的出發點是「世界充滿了苦」，換句話說，佛教持有「世界（這個對象）是苦的」這種認知（一切皆苦）。更進一步說，當思考「苦的原因」等問題時，佛教認為人類對於世界這一事物的「存在方式」是存在「真知」的。因此，從「無知」中得到解脫的人便會成為「佛」，而佛教的根源需要「崇高的真理」。相對於此，雖然皮浪主張「我們對於對象X本身是A或不是A，無法做出判斷」，但他也不否認「對象X透過知覺，以A呈現在我們面前」，他只是對「對象X本身的存在方式」保持判斷保留而已。

試著比較兩者的思考，我們會發現，雖然他們在個別事物的「存在方式」上持有類似的立場，但皮浪堅決主張對於對象的統一認識是不可能的，而佛教則認為要掌握「世界的存在方式」，必須以對「真理」的理解為前提——這是他們之間的主要差異。

耆那教與皮浪主義

關於「判斷保留」這個問題，必須提到標榜「不殺生」（ahimsa）的耆那教。耆那教的創始者大雄（約前五世紀至前四世紀）在議論中，儘量避免使用「X就是A」或「不是A」這種單一定義的斷定；如果必須這樣主張，他會加上「若是從某個觀點來看」的限定性但書，主張對對象抱持一種相對的視角。因此，其他派別稱耆那教為持有「相對觀點」或「沒有單一觀點的（多樣性）理論」的宗派。從這一點來看，大雄的立場與皮浪非常相似。考慮到亞歷山大東征時，耆那教的出家人廣布於各地，若「裸身的賢者」是這些人，雙方接觸並非不可能。

儘管如此，作為耆那教核心教義的「不殺生」與上述的懷疑立場仍然相反。這是因為「不殺生」的對象是「生物」，因此需要有一套將其與無生物區別的系統性理論。事實上，耆那教擁有以原子論為中心的自然觀，其中規範了生物與無生物的區別。從這點來看，當我們回溯到創始者與初期耆那教時，會發現它的立場與皮浪主義相異。不僅如此，耆那教和佛教的修行目的都是解脫，因此也必須以輪迴的存在作為判斷前提才能成立。這使得很難斷言皮浪主義受到過耆那教的強烈影響。

然而，我們仍然不能否定耆那教徒和皮浪等人使用「從某個觀點來看」這種方式來進行議論，並透過這種風格可能對皮浪的立場產生影響的可能性。然而，另一方面，也有希臘哲學史家認為，只要把普羅塔哥拉以來的「相對主義」傳統納入考量，即使不認為東方思想對皮浪主義的形成有積極作用，也可以透過先前的希臘思想來解釋。不管怎麼說，我們都不能將前述引文中的連接詞「從這裡開始」理解為嚴密的因果關係。

出家主義的影響

皮浪還有另一個被認為受到印度影響的地方，那就是他的生活態度。要理解這一點，我們可以參考第歐根尼．拉爾修的記述：

（據安提柯說），皮浪是遠離世俗、孤獨生活之人；因此，就連家人也不常見到他的身影。據說，這是因為皮浪聽到某位印度人非難（他的老師）阿納克薩圖斯說：「像你這樣侍奉宮廷，是沒辦法堂堂正正教育人的！」之故。（《哲人言行錄》第九卷第十一章六三—六四節）

在亞歷山大一行人的記錄中，印度的賢者可分為參與政治者和雲遊四方者兩類。後世的麥加斯梯尼（Megasthenes，約於前二九〇年過世）在報告中提到，雲遊者是「生活在森林中的人物」。雖然我們無法確定皮浪師徒受到哪一類賢者的忠告，但可以推測，他們應該聽從了這些忠告，才選擇過著遠離世俗的生活。畢竟，重視對話的蘇格拉底無需多言，而對於繼承他學風的柏拉圖、亞里斯多德，甚至過著共同體生活的伊比鳩魯來說，孤獨的哲學生活實在難以想像。

三、兩種思想在阿育王碑文中的融合

用希臘語記載的佛教記錄

接下來，我們要探討與皮浪相異的情況，著眼於印度思想如何接近希臘思想。這並不是單純的接觸，而是將印度思想之一的佛教用希臘語，更正確地說，是用希臘哲學的術語來翻譯。

孔雀王朝繼旃陀羅笈多之後的第三任國王、著名的「阿輸迦」（Ashoka, ca. 268-232 BCE在位），在漢譯佛典中音譯為「阿育王」，意譯為「無憂王」。他曾積極展開軍事活動，與鄰國羯陵伽發生戰爭，結果造成數十萬人死亡，令他深感後悔。此後，他對於原本只是形式上皈依的佛教，信仰心日益強烈。最終，他放棄了軍事統治，轉而以「佛法」來統治。同時，他也將自己對羯陵伽戰爭中殺生的反省，以及推動的佛教統治理念，銘刻在石柱、石頭和較平的岩壁上，這些碑文如今統稱為「阿育王碑文」。這些碑文不僅分布在今日的印度，還在東方的尼泊爾、西方的阿富汗和巴基斯坦等地。其中最著名的是「磨崖法敕」碑文，每一個碑文分為十四章，記錄了阿育王的話語。這些碑文是印度文化早期階段的文字紀錄，以佉盧文和婆羅米文兩種文字系統書寫，語言則使用普拉克里特語、巴利語和摩揭陀語（本章為了方便行文，統稱為「巴利語」），反映了印度文化圈各地的方言體系。

除了這些巴利語碑文外，一九五八年在阿富汗的坎達哈發現了用希臘語和阿蘭語記錄的碑文（以下稱為「第一碑文」）；而在一九六三年，又有位德國人在坎達哈的市場購得了一塊以希臘語記載的碑文（以下稱為「第二碑文」）。在此，我們將重點關注「第一碑文」。之所以特別注意它，是因為相較於較為忠實重現巴利語阿育王碑文內容的「第二碑文」，「第一碑文」被認為是譯者原創的翻譯風格，從中可以窺見「世界哲學」誕生的瞬間。不僅如此，我們也可以察覺譯者的知識背景：他一方面接近阿育王的佛教理念，另一方面也通曉希臘哲學。因此，這篇翻譯展現了希臘思想與印度思想的某種融合。下頁表格便是這篇碑文的希臘語譯文的翻譯（譯文中的中括號是補述）。

阿育王的別名「皮雅塔西」或「普利雅塔西」，在巴利語中是意指「外貌令人欣喜」，希臘語直接音譯為「皮歐塔塞斯」。漢譯則加上另一個別名「天愛」，稱為「天愛喜見」。這篇碑文寫的是阿育王講佛教的一部分倫理規範及其遵守。

1	「灌頂」滿十年後，國王
2	皮歐塔塞斯對眾人表示「皈依」佛法。
3	這時國王說，人們
4	要更加尊重佛法，萬物
5	才會在這片土地上變得繁榮。
6	然後，國王又要求對有生命的東西，應當節制「其殺生」；「除了國王以外」剩下的人 固不用說，就連
7	國王的狩獵官與釣魚官這些「隸屬於國王」的人，也全都
8	停止狩獵「和釣魚」，「直到現在」。
9	不只如此，「過去有」一些放縱的人，他們「現在在狩獵、釣魚等殺生行為上」
10	也都必須盡可能抑制這種放縱。人們也和從前的「行事」反過來，遵循父親
11	和母親，乃至於年長者的教誨，
12	若萬事皆能如此，
13	變得更加良善，
14	今後人們將那樣生活。

希臘語譯者對佛教的理解與知識背景

這篇碑文的譯者是何許人物呢？我們可以從三個方面推斷他的知識背景。首先是第二行的「佛法」〔梵語稱為Dharma（達摩）、巴利語稱為dhamma（曇摩）〕，被譯為希臘語中意指「虔敬」的「eusebeia」，並與作為賓語的動詞「表示」結合，譯為「國王表示皈依佛法」。重要的是，這個「eusebeia」指的是對崇高事物的尊敬，在希臘思想中是一種重要的德行。譯者使用這個詞，不僅將阿育王定位為希臘語中的有德者，同時也向碑文的讀者表明，作為統治理念的「佛法」應當被懷有虔敬之念。

第二個值得注意的地方是第六行中「國王又要求對有生命的東西應當節制〔其殺生〕」這句話中使用的「節制」（apechetai）一詞。選用這個詞的原因在於，希臘語名詞形「需克制之事、禁忌」（apoche）在畢達哥拉斯派的用法中指的是「〔食用〕有生命之物的禁忌」。畢達哥拉斯派也持有輪迴思想，因此對肉食有所節制。由此可推測，「第一碑文」的譯者理解了佛教的禁止殺生與輪迴之間的密切關聯，因此選用了具有相似主張的畢達哥拉斯派語彙。這表明，將「第一碑文」譯為希臘語的譯者已經對肉食禁忌等佛教倫理及輪迴思想等方面有了相當的認知，並在此基礎上進行翻譯。

「放縱」與希臘哲學

第三個值得注意的地方是第九行的「放縱之人」（akrates）與第十行的「放縱」（akrasia）兩個語彙。前者指的是「明明知道這樣不好，卻仍被眼前的快樂所吸引，不去壓抑惡行的人」；而後者則是指「放縱的狀態」。自從提倡「智識主義」（intellectualism）的蘇格拉底以來，「放縱」的概念就成為希臘哲學反覆討論的問題。這表明譯者考慮到當時印度的實際情況，選用了這一概念。那麼，當時的人對於惡的放縱又是怎樣的呢？只需參見巴利語版的「磨崖法敕」，便能明瞭這一點：

> 不得在此殺生並用來祭祀（中略），蓋阿育王常見節日聚會，惡事屢生。（中略）昔時在阿育王王宮的廚房中，眾多生命因為做湯而被宰殺。（基娜出土「阿育王磨崖法敕」第一章）

對於這篇碑文，我們可以這樣解讀：過去為了奉獻和食用而導致殺生這種惡德不斷蔓延；而現在，作為德行具體化身的國王應該制止這樣的行為。碑文中提到，曾經有這種惡德的人不僅是被統治者，連身為統治者的阿育王本身也是如此。從這一點來看，譯者認為當時人們的殺生行為就是「明知卻依舊從事的惡」，因此在敘述這一規範時，使用了「放縱之人」和「放縱」這樣的希臘語彙來描述他們。

然而，第十行中的「放縱」是與「阿克拉迪亞」同義的新形態語彙，這個詞在亞里斯多德的著作中有使用，但柏拉圖則未曾用過。因此，這位譯者可能與亞里斯多德及逍遙學派有關。

更值得一提的是，這個「放縱」一詞在巴利語的阿育王碑文中並沒有找到相對應的語彙。儘管在巴利語中有相當於「放縱」的詞彙，例如在「抑制」前加上否定詞「阿」，形成「阿古塔」，或在意義接近的「桑亞馬」前加上否定詞，變為「阿桑亞馬」，但在阿育王碑文中並未使用這些詞。也就是說，「第一碑文」中的「阿克拉希亞」並非巴利語阿育王碑文的直譯，而是反映了希臘語譯者對印度思想的理解。

希臘語碑文的讀者存在過嗎？

這篇配上希臘哲學用語的碑文，當地居民能夠理解嗎？雖然沒有明確的答案，但仍可找到一些線索。在「第一碑文」的周邊地區，位於現在阿富汗國境附近、阿姆河與科克恰河匯流處的古代城市——艾卡努姆（Ai-Khanoum）被推測是亞歷山大在遠征途中建立的「亞歷山大城」之一。在這裡發現了用亞里斯多德術語討論柏拉圖理念論的莎草紙碎片，以及刻著德爾菲神殿箴言的石碑。據出土資料顯示，這塊石碑是由一位名為「克雷亞戈斯」的逍遙學派成員書寫並帶到此地。這些發現多少證明了希臘哲學已經傳播到該地區，並且當地有讀者接受它。

就本章的主題——希臘思想與印度思想的接觸、交流與影響而言，雖然這一切是歷史上偶然的積累，但「第一碑文」應該在其中占有一席之地。譯者（們）參與翻譯的「第一碑文」，可以說是希臘哲學在印度文化圈中，以嶄新的姿態成為佛教思想的代言人。

四、作為對話篇的《彌蘭王問經》

作品成立的背景

希臘與印度隨著時間推移，逐漸展開積極的對話。在大夏周圍，有一位出生於希臘的國王名叫彌蘭王，他為了解決自身的疑問，便從「阿拉山達」出發，前往與佛教僧侶那先（Nagasena）對話。這部用巴利語記錄並傳世的作品就叫《彌蘭王問經》（Milinda Panha）。「彌蘭王」（Milinda）這個名字是前二世紀中葉（約前一五〇至前一三〇年）在位的大夏王「米南德」（Menandros）音韻變化而成，而「阿拉山達」（Alasanda）則是亞歷山大大帝在大夏周邊建立的多座「亞歷山大城」（Alexandreia）之一。彌蘭王提到這個地方位於「島」（或中流沙洲）上，但具體情況尚不明瞭。

這部作品在後世的流傳過程中經歷了多次增補，不過一般推定，與有兩種漢譯版本流傳的《那先比丘經》一致的部分代表了古老的部分。關於它的完成過程，有研究者推測失落的梵語版是原本，也有人認為普拉克里特語版是原本；但最引人關注的是，有一種說法認為它的原型其實是希臘語。這一說法的根據是，該經典與前二世紀中葉以後完成、用希臘語寫成的《亞里士太阿斯書信集》（*Letter of Aristeas*）在人物名稱和形式上有許多相似之處，因此可能是彌蘭王過世後，根據過去的記錄用希臘語書寫的。不管怎麼說，這部作品的原型應該是在前一世紀上半葉到中葉之間完成的。

人格主體的否定——「我」是什麼？

原本語言的問題姑且不提，這部對話篇中所討論的可以說是無我說與輪迴思想的調和。奧義書思想對作為「真實自己」的「我」（阿特曼）來進行追究（有我說），並試圖使之與宇宙的終極原理「梵」（brahman）相一致（梵我一如），而無我說則是站在批判這種思想的立場上。接下來，讓我們試著考察它的議論。彌蘭王詢問尊者那先，能以某個「名」稱呼的對象是怎樣的存在？對此，尊者那先如是回答（以下的引用會附上巴利語原典的德蘭克納（V. Trenkner）版頁碼）：

> 大王！同梵行者稱〔我〕為那先，又父母或名那先（龍軍）、或名須羅勢那（勇軍）、或名西哈勢那（獅子軍）。然而，大王！所謂那先者是唯名稱、稱呼、假名、通稱而已。於其處不得人我（puggala，逼伽羅，指人格的主體；德蘭克納版二五頁七至十三行）。

「人格主體」在梵語中寫作「pudgala」（補特伽羅）、巴利語則是「puggala」（逼伽羅），是用來指稱「令我之所以成為我的事物」、「自我自身、靈魂」的單詞，和「我」（梵語tman、巴利語attan）大致上同義。對此，國王這樣回應：

尊者那先！若不得人我，其時，與卿之衣服、飲食、牀座、醫藥資具者誰耶？享之者誰耶？努力於修習者誰耶？作證〔四〕向〔四〕果、涅槃者誰耶？（中略）如是，無善，無不善，無作善不善業者，無令作者，無善惡業之異熟果。（德蘭克納版，頁二五，一七—二七行）

針對否定「人格主體」存在的那先，彌蘭王則反過來質問：如果犯下罪惡的人不是行為主體，那麼責任該如何歸屬？贈與行為算是什麼？遵守戒律的行為又算什麼？

對此，那先用「車的比喻」來說明自己的立場。他問：「車是什麼？構成它的車輪、車軸、車體能算作「車」嗎？」他回答道：「不，這些都不是『車』；『車』只是構成它的各個部分「緣附」組合而成的名稱罷了。」這意味著，作為名稱的「車」這一構成要素在「車」之中並不存在。當國王接受這個解釋後，那先又進一步說道：

大王！卿正確瞭解。大王！與彼同，緣髮、緣身毛、緣爪、緣齒、緣皮膚、緣肉、緣筋、緣骨……乃至……緣腦而言名「那先」現。然而若依第一義而言，則人我不存。大王！波提奢羅比丘尼在世尊之前言：「譬如支分之集合，有所謂車之語言：例如〔五〕蘊（構成要素）存在時，所謂有情（有生命之物）之稱呼。」（德蘭克那版，頁二七，三〇行—頁二八，八行）

此處的「構成要素」傳統上譯為「五蘊」。持有名稱的存在皆是在要素緣附下產生的東西，而不是透過某個本質而成立（五蘊皆空）。人的名號也不過是附加在這些構成要素的集合體上罷了；在各要素中，個人並不是作為「成其為個人的唯一實體」而存在。那先的解釋與二十世紀的分析哲學家吉爾伯特．賴爾（Gilbert Ryle）對靈魂的考察頗為相似，令人玩味。

說到底，哲學的對話是否能夠成立？

雖然彌蘭王表面接受無我說，但整體對話顯示並非完全如此。彌蘭王仍然將「人格主體」視為選擇是否遵守戒律等行為的行為者，因此才會從它存在於何處的角度，也就是從「有我說」的立場來提問。確實，若假定有主體，則責任歸屬便能確定，但「無我說」並不如此。事實上，當無我說與輪迴說結合時，行為者與責任的問題便呈現出複雜的樣貌：

王言：「尊者那先！結生〔輪迴〕者為何耶？」

長老言：「大王！名色〔身體〕是結生。」

「此〔現在之〕名色是結生耶？」

「大王！此〔現在之〕名色非結生。大王！依此〔現在之〕名色而為或善或惡之業，依其業而結生他〔來世〕之〔新〕名色。」

王言：「若此〔現在之〕名色非結生，則人非免惡業〔之果〕耶？」（德蘭克納版，頁四六，五—十一行）

善業、惡業的「業」，梵語稱為「Karman」，一般則以「Karma」為人所知。雖然它有時意味著單純的行為，但在輪迴思想中，前世的善行會在來世產生善的結果，而惡行則會產生惡的結果，因此在轉生之際運作的作用力。彌蘭王質疑，若一個惡人現在是以不同的名字和身體轉生，那麼受業力影響的對象在前世是別人，難道不就可以逃脫惡業了嗎？他對此感到訝異，因此要求那先解釋這一原理。那先回答道：「以作為因果關係運作的業的理論為前提，即使行為者輪迴成與現在不同的名字與身體，惡業依然會繼承下來」，但並未充分滿足國王的要求。

說到底，彌蘭王是從「選擇了怎樣的行為，就應當歸屬怎樣的責任」的立場出發，要求無我說解釋行為者與責任的關係。對此，那先則從無我說的立場出發，分析了人之存在，對名稱與實體的關係做出了回應。光從結果來看，兩人的應答仍存在某種差異。以比喻來說，車中有車輪和轉向裝置，當車伕揮鞭趕馬時，車子可以向左或向右轉；雖然這一事物被稱為「車」，但構成要素的任何一項卻都不是車，這是那先的解釋。然而，當實際鞭打馬、使車子不往左而是往右時，車伕又是什麼呢？這便是彌蘭王的提問。

對話帶來的東西

《彌蘭王問經》中存在的差異，最終歸結為輪迴思想中業的形成作用與無我說的調和問題。作為希臘人的彌蘭王，即使能夠理解緣起說等佛教的根源思考，並接受輪迴思想，但對於行為者與責任這一角度是否能夠統一理解，仍然存在疑問。這一點從他後來仍然將「身體內部存在的生命」設定為行動原理中可見一斑。

因此，儘管《彌蘭王問經》堪稱是一篇沒有交集的對話，但仍有其值得評價之處。畢竟，這是從希臘的立場出發，對於希臘和印度經常視為問題的身體與靈魂、靈魂與行為主體等問題，乃至對作為印度中心思想的輪迴結構提出質疑，因而能夠澄清彼此思想的一致與不一致之處。在這個意義上，《彌蘭王問經》既屬於希臘思想史，也屬於印度思想史。

此外，這部作品提到彌蘭王後來皈依了佛教；這是故事中的報告，因此其真偽尚不明確。話雖如此，據西元一世紀的希臘哲學家普魯塔克所言（《倫理論集》八二一D—E），米南德逝世後，其骨灰的所有權引發了爭端，同時在各地也建立起紀念他的建築物。這一傳說令人聯想到佛舍利供養與卒塔婆的建立。若真如此，則兩者的對話並不僅僅以對話告終，而是堪稱改變國王人生方向的「車伕之鞭」。

小結——古典古代的東方主義

上面所述即是希臘思想與印度思想的相遇及其結果。如果再度觸及歷史背景，當時大夏附近的希臘人王朝因內部戰亂而日益衰退，最終隨著遊牧民族貴霜人的侵入而相繼滅亡，但不同城市的結束時間各異。雖然先前提及的艾卡努姆在西元前一百五十年左右遭到放棄，但據報告顯示，並沒有伴隨大規模戰亂的痕跡。

那麼，希臘思想是否因此停止與印度思想的接觸呢？雖然直接接觸的機會因上述原因變得不如過去容易，但也正因 如此，印度及其思想在希臘化到羅馬時期反而引發了某種憧憬。

西元三世紀，新柏拉圖主義哲學家普羅提諾（Plotinus）的弟子波菲利（Porphyry）曾表示，當他的老師在埃及的亞歷山卓學習時，「相當渴望接觸在波斯人之間實踐的哲學，以及在印度人之間盛行的哲學」。普羅提諾曾與皇帝戈爾迪安一起遠征，但因叛亂而未能實現他的願望。那麼，他出於怎樣的理由採取這樣的行動呢？如果沒有任何情報，他理應不會行動；而如果情報完善，也無需親自前往。詳細情況雖不明，但有一些線索。

在阿育王磨崖法敕第十三章後半部分中記載，國王為了廣傳「佛法」，派遣使節前往地中海各王處，其中提到「托拉邁耶」（Turamaye）這個名字。據推斷，這位托拉邁耶應該就是建立亞歷山卓圖書館的托勒密王朝的托勒密二世。如果使節是在前二八八年至前二四六年他統治期間抵達，那麼很有可能在埃及有一定程度關於印度地區的資訊存在，儘管只是片段。

延伸閱讀

森祖道、浪花宣明，《彌蘭王：皈依佛教的希臘人》（新裝版，清水書院「Century Books 人與思想」，二〇一六年）——以簡明易懂的方式，敘述《彌蘭王問經》成書的來龍去脈，以及它在佛教歷史中的定位。對於兩者的對話，也從佛教的基礎理論出發，作了詳盡的解說。

《彌蘭王的提問一、二、三：印度與希臘的對決》（中村元、早島鏡正譯，平凡社「東洋文庫」，一九六三—六四年）——至今為止唯一的全譯本。特別是第一卷有著驚人數量的註釋與解說。不只講到佛教思想，對當時印度的希臘社會也有解說。

塚本啓祥，《阿育王碑文》（第三文明社「Regulus文庫」，一九七六年）——不只是翻譯印度各地發現的阿育王磨崖法敕與石柱法敕等相關碑文，也對孔雀王朝當時的社會制度等作了詳細且簡潔的敘述。

渡邊研二，《耆那教入門》（現代圖書，二〇〇六年）——關於耆那教的入門著作並不多，本書是其中特別仔細且完善的一冊。對該教成立當時宛若兄弟般的佛教教義也附有比較，也值得關心佛教的人一讀。

後記　納富信留

「世界哲學」是二〇一八年八月在北京召開世界哲學大會（World Congress of Philosophy）上由日本哲學界提出的理念。自一九〇〇年的巴黎大會以來，世界哲學大會一直是全球哲學家聚集議論的場所，但在近一百二十年的歷史中，從未在日本召開過。懷著未來邀請國際學會來日本舉辦的念頭，我們提出了「世界哲學」這一概念，旨在展現日本哲學應有的面貌。然而，「世界哲學」並非既成的理念或領域，而是一個需要日本哲學家持續討論並精心打造的平台，也是一場構建這一平台的活動。當從世界哲學的視角看日本哲學時，將會發現怎樣的可能性呢？我們開始了這樣的嘗試。我與日本哲學會的工作小組——出口康夫（京都大學）、河野哲也（立教大學）、直江清隆（東北大學）等人共同確立了基本概念。

到了二〇一九年，「世界哲學」已經在比較思想學會、中國社會文化學會、日本學術會議等各種研討會中成為主題。這些企劃是我與本系列共同編者中島隆博（東京大學）、上原麻有子（京都大學）共同推進的。未來，預計會以各種形式展開企劃，並與海外研究者共同進行研究。我相信，在不久的將來，這將成為名副其實的世界哲學。

為了推進「世界哲學」，讓日本發揮先驅作用的具體計劃就是這套《世界哲學史》。在日本，對於各地區和文化的哲學史研究非常充實，集合各方面的專家，刻劃其整體樣貌，應該能成為世界哲學的基礎。筑摩新書正式啟動了出版企劃，並由負責古代哲學的我、西方中世紀哲學的山內志朗先生（慶應義塾大學）、近代與現代哲學的伊藤邦武先生（龍谷大學）、東洋哲學的中島隆博先生四人，共同確立了編輯方針。期待《世界哲學史》在改變日本哲學研究的同時，也能喚起對哲學更深一層的關心。

作者簡介

納富信留（Notomi, Noburu）（序章、第一章、專欄二）

一九六五年生，東京大學大學院人文社會系研究科教授兼文學部部長。東京大學大學院人文科學研究科碩士。劍橋大學研究所古典學部博士。專長為西方古代哲學。著有《詭辯者是誰？》《哲學的誕生：蘇格拉底是誰？》（筑摩學藝文庫）、《柏拉圖與哲學：閱讀對話篇》（岩波新書）等。

柴田大輔（Shibata, Daisuke）（第二章）

一九七三年生，筑波大學教授。東京大學大學院人文社會系研究科碩士。海德堡大學研究所哲學部前方亞洲語言、文化學科博士。專攻楔形文字學、古代西亞史學。著有*Cultures and Societies in the Middle Euphrates and Habur Areas in the Second Millennium BC* 1（編著，Harrassowitz出版社）、《伊斯蘭是特殊的嗎：古代西亞宗教與政治的譜系》（編著，勁草書房）等。

高井啓介（Takai, Keisuke）（第三章）

一九六八年生，關東學院大學國際文化學部教授。大學宗教主事。東京大學大學院人文社會系研究科博士課程中退。耶魯大學研究所中近東語言文明學部哲學博士。專攻舊約聖經學、宗教史學。著有《與靈交流的人們：媒介者的宗教史（上、下）》（共同編者，立頓）等。

中島隆博（Nakajima, Takahiro）（第四章）

一九六四年生，東京大學東洋文化研究所教授兼所長。東京大學大學院人文科學研究科博士課程中退。專攻中國哲學、比較思想史。著有《惡之哲學：中國哲學的想像力》（筑摩選書）、《莊子：告知成為雞之時》（岩波書店）、《作為思想的言語》（岩波現代全書）、《殘響的中國哲學：言語與政治》、《共生的實踐：國家與宗教》（東京大學出版會）等。

赤松明彥（Akamatsu, Akihiko）（第五章）

一九五三年生，京都大學榮譽教授。京都大學大學院文學研究科碩士，巴黎第三大學博士（印度學博士）。專攻印度哲學。現任京都大學白眉中心所長。著有《印度哲學十講》（岩波新書）、《書籍誕生新古典入門：薄伽梵歌》（岩波書店）、《樓蘭王國》（中公新書）等。

松浦和也（Matsuura, Kazuya）（第六章）

一九七八年生，東洋大學文學部副教授。東京大學大學院人文社會系研究科博士（文學）。專攻西方古代哲學。著有《亞里斯多德的時空論》（知泉書館）、《iHuman：AI時代的有機體—人類—機械》（合著，學藝未來社）等。

栗原裕次（Kurihara, Yuuji）（第七章）

一九六四年生，首都大學東京人文社會學部教授。東京都立大學人文科學研究科碩士，加州大學爾灣校區哲學博士。專攻西方古代哲學、倫理學。著有《理念與幸福：學習柏拉圖》、《柏拉圖的公與私》（知泉書館）、《內在與超越之閾》（合編，知泉書館）等。

稻村一隆（Inamura, Kazutaka）（第八章）

一九七九年生，早稻田大學政治經濟學術院教授。東京大學大學院總合文化研究科碩士，劍橋大學研究所古典學部博士。專攻政治哲學、西方政治思想史。著有《亞里斯多德政治哲學中的正義與互惠》（*Justice and Reciprocity in Aristotle's Political Philosophy*）（劍橋大學出版社），論文〈文本分析與影響關係〉（《思想》，一一四三號）等。

荻原理（Ogihara, Satoshi）（第九章）

一九六七年生，東北大學教授。東京大學大學院人文科學研究科碩士。賓州大學研究所哲學科博士。專攻西方古代哲學、現代倫理學。著有《麥克道爾的倫理學》（勁草書房）、《柏拉圖的〈菲力帕斯篇〉》（*Plato's PHILEBUS*）（合著，牛津大學出版社）、《柏拉圖的〈斐多〉》（*Plato's PHAEDO*）（合著，Academia出版社）、《前蘇格拉底哲學家與柏拉圖》（*Presocratics and Plato*）（合著，Parmenides出版社）等。

金澤修（Kanazawa, Osamu）（第十章）

一九六八年生，東京學藝大學研究員。東京都立大學人文科學研究科哲學專攻博士（文學）。專攻西方古代哲學、比較思想。著有《內在與超越之閾》（合編，知泉書館），《原子論的可能性》（合著，法政大學出版局），譯有《亞里斯多德：動物學》（合譯）、《亞里斯多德：宇宙論》（岩波書店）等。

篠原雅武（Shinohara, Masatake）（專欄一）

一九七五年生，京都大學總合生存學館特定副教授。京都大學總合人類學部畢業。京都大學研究所人類／環境學研究科博士。專攻哲學、環境人文學。著有《公共空間的政治理論》、《人類世的哲學》（人文書院）、《為了空間》、《生活論》、《多樣性的生態學》（以文社），《生活過的新城市》（青土社）等。

齋藤憲（Saitou, Ken）（專欄三）

一九五八年生，大阪府立大學榮譽教授。東京大學大學院理學系研究科博士中退。東京大學理學博士。專攻臘數學史。著有《歐幾里得《幾何原本》是什麼》（岩波書店）、《天秤的魔術師：阿基米德的數學》（與林榮治合著，共立出版），譯有《畢達哥拉斯派：生與哲學》（岩波書店）等。

年表

＊粗體字為哲學相關事項

西元	埃及、美索不達米亞	希臘、羅馬	印度	中國
西元前6000年	西元前6500至6000左右，下美索不達米亞開始有人居住，			西元前6000年左右，黃河流域的黃土地帶開始出現新石器文化。
前5000年				前5000年左右，仰紹文化（彩陶文化）興起。
前4000年	前4000年左右，尼羅河流域呈現眾多聚落與小國家（nomos）分立的狀態。埃及文字誕生。			
前3000年	前3200年左右，烏魯克人發明楔形文字的原型。之後不久，埃及也發明瞭文字。前3000年左右，下美索不達米亞建立起許多的都市國家（吾珥、基什等）。	前3000年左右，克里特島興起金石文化（愛琴海文明誕生）。		前3000年左右，龍山文化（黑陶文化）興起。
前2000年	前2700年左右，埃及建立古王國。	前2000年左右，希臘人開始南下。	前2600年左右，印度河流域都市文明盛極一時。	
前1800年	前1894年左右，美索不達米亞建立了巴比倫第一王朝。（-前1595左右）			

西元	埃及、美索不達米亞	希臘、羅馬	印度	中國
前 1700 年	前 1700 年左右，小亞細亞建立了西臺王國（- 前 1190 左右）。	前 1700 年左右，克里特文明（米諾斯文明）邁入最盛期。		
前 1500 年	前 1500 年左右，下美索不達米亞建立了嘉喜特王朝（- 前 1155 年）。		前 1500 年左右，雅利安人開始往西北印度移居。	前十六世紀左右，殷王朝成立。
前 1400 年		前 1400 年左右，邁錫尼文明邁入最盛期。		
前 1300 年	前 1350 年，美索不達米亞的亞述王國從米坦尼獨立出來。			
前 1200 年	前十二世紀左右，《埃努瑪·埃利什》成書。		前 1200 年左右，《梨俱吠陀》成書。開始編纂吠陀文獻。	
前 1100 年	前 11 年世紀左右，《吉爾伽美什史詩》的「標準版」完成。	前 1100 年左右，希臘本土邁入鐵器時代。		
前 1000 年		前 1000 年左右，希臘本土開始殖民小亞細亞。		前十一世紀下半葉，周武王滅亡殷朝。
前 900 年	前 922 年左右，希伯來王國分裂為猶太南王國和以色列北王國。			

西元	埃及、美索不達米亞	希臘、羅馬	印度	中國
前 800 年		前 800 年左右，斯巴達（多利安人）建國。 前 800 年左右，希臘人開始向地中海、黑海沿岸殖民（- 前 600 左右）。	前 800 年左右，出現梵書。	
前 700 年	前 722 年，亞述滅亡以色列北王國。	前 753 年，羅馬建國（傳說）。 前 700 年左右，荷馬《伊利亞德》、《奧德賽》，海希奧德《神譜》、《工作與時日》等敘事詩陸續問世。		前 770 年，周朝東遷，春秋時代開始。
前 600 年	前 671 年，亞述征服埃及，統一西亞。 前 625 年，新巴比倫王國獨立（- 前 539 年）。 前 612 年，亞述滅亡。	前 625 年左右，泰勒斯誕生（- 前 548 年左右）。 前 616 年左右，伊特魯里亞王朝統治羅馬（- 前 509 年）。	前七世紀左右，奧義書哲學成立。 前 600 年左右，從這時開始編纂契經（Sutra），作為吠陀的補助文獻。作為吠陀補助學問的祭祀學、音韻學、天文學、文法學等也陸續成立。	前 651 年，齊桓公成為霸主（葵丘之會）。 前 632 年，晉文公成為霸主（踐土之盟）。

西元	埃及、美索不達米亞	希臘、羅馬	印度	中國
前 500 年	前 586 年，猶太王國滅亡；巴比倫之囚（- 前 538 年）。 前 550 年，阿契美尼德王朝波斯成立（- 前 330 年）。 前 525 年，波斯征服埃及。	前 572 年左右，畢達哥拉斯誕生（- 前 494 年左右）。 前 546 年左右，雅典出現庇西特拉圖的僭主政治。 前 509 年，羅馬廢除王政，開始共和制。	前六世紀，佛陀（釋迦牟尼）誕生。 前 549 年左右，耆那教始祖大雄誕生（- 前 477 左右）	前 551 年左右，孔子誕生（-前479年）。
前 490 年	前 490 年，大流士一世侵略希臘。	前 490 年，第一次波希戰爭，馬拉松之戰。		
前 480 年	薛西斯再次侵略希臘。	前 480 年，第二次波希戰爭，薩拉米斯海戰。	前 486 年，第一次佛典結集。	前 480 年左右，墨子誕生（- 前 390 年左右）。
前 470 年		前 477 年提洛同盟成立，雅典的霸權確立。		
前 460 年		前 469 年左右，蘇格拉底誕生（- 前 399 年）。		前 460 年左右，《論語》成書。
前 430 年	前 430 年左右，以斯拉在耶路撒冷解說摩西律法。	前 431，伯羅奔尼撒戰爭爆發（- 前 404）。		
前 420 年		前 427 年，柏拉圖誕生（- 前 347 年）		

西元	埃及、美索不達米亞	希臘、羅馬	印度	中國
前 400 年	前 400 年，摩西五經（律法）在此之前成立。	前 404 年，雅典投降，伯羅奔尼撒戰爭終結。	前 400 年，敘事詩《摩訶婆羅多》的原型大約從此時開始創作。	前 403 年，韓、趙、魏成為獨立諸侯，戰國時代開始（- 前 221 年）。
前 390 年		前 399 年，蘇格拉底因為不敬等罪狀遭到審判，被處死。 前 395 年，科林斯戰爭爆發（- 前 386 年）。 前 390 年，高盧人（凱爾特人）占領羅馬。		前四世紀左右，莊子誕生。
前 380 年		前 387 年，柏拉圖渡海前往西西里。當他回到雅典後，創立了柏拉圖學院。 前 384 年，亞里斯多德誕生（- 前 322 年）。	前 386 年，第二次佛典結集。	
前 370 年				前 370 年左右，孟子誕生（- 前 289 年左右）。
前 360 年		前 367 年，亞里斯多德進入柏拉圖學院。柏拉圖二度前往西西里。 前 360 年左右，皮浪誕生（- 前 270 年左右）。		

西元	埃及、美索不達米亞	希臘、羅馬	印度	中國
前 350 年		前 356 年，亞歷山大三世（大帝）誕生（- 前 323 年）。	前 350 年左右，梵文文法的完成者波你尼誕生（- 前 300 年）。	前 359 年，秦孝公任用商鞅進行變法。
前 340 年	前 343 年，埃及再次成為波斯的領土。	前 347 年，柏拉圖逝世，學院由斯珀希波斯繼承。 前 343 年，亞里斯多德成為王子亞歷山大的老師。 前 340 年，羅馬與拉丁同盟間爆發了拉丁戰爭（- 前 338 年）。		
前 330 年	前 337 年，大流士三世即位（- 前 330 年）。 前 331 年，亞歷山大征服埃及，開始建設亞歷山卓。 前 330 年，阿契美尼德王朝波斯滅亡。	前 338 年，希臘聯軍在喀羅尼亞戰役中敗北，馬其頓掌握霸權。 前 337 年，科林斯同盟（赫拉斯同盟）成立（- 前 301 年）。 前 336，亞歷山大即位為馬其頓王。 前 335 年，亞里斯多德創立萊希姆學院。 前 334 年，亞歷山大開始東方遠征。	前 330 年左右，旃陀羅笈多創立第一個統一王朝—孔雀王朝。	

西元	埃及、美索不達米亞	希臘、羅馬	印度	中國
前 320 年		前 323 年，亞歷山大大帝逝世。繼業者戰爭爆發，希臘化時代開始（- 前 30 年左右）。 前 322 年，亞里斯多德逝世。	前 326 年，亞歷山大大帝到達印度的旁遮普地區。	
前 310 年		前 312 年阿皮亞古道開工。		
前 300 年	前 305 年，托勒密王朝埃及建國。 前 305 年，塞琉古王朝敘利亞建國。 前 301 年，伊普蘇斯之戰（馬其頓分裂）。	前 307 年左右，伊比鳩魯在雅典郊外建立起「庭園」。 前 300 年左右，季第昂的芝諾在雅典的彩色柱廊開始教學。		前 300 年左右，郭店一號楚墓大約於此時建立。
前 290 年				前 298 年左右，荀子誕生（- 前 235 年左右，眾說不一）。
前 280 年	前 285 年以後，大約是在托勒密二世統治時期，創設了亞歷山卓圖書館。	前 280 年，亞該亞同盟成立（- 前 146 年）。		
前 270 年		前 272 年，羅馬統一義大利半島。		前 278 年，秦將白起攻陷楚都郢，楚遷都至陳。

西元	埃及、美索不達米亞	希臘、羅馬	印度	中國
前 260 年		前 265 年，柏拉圖學院由阿爾克西拉烏斯擔任領袖，轉向懷疑主義。 前 264 年，第一次布匿戰爭（- 前 241 年）。	前 268 年左右，阿育王即位。阿育王下令將佛教理念刻在碑文上，在阿富汗地區同時也用希臘語記錄。	
前 250 年	前三世紀中葉左右，「七十士譯本」開始翻譯。舊約聖經成書。			前 256 年，秦滅周。
前 240 年	前 247 年，阿爾沙克一世建立帕提亞（安息）王國。 前 241 年，帕加馬王國建國。	前 241 年，羅馬占領西西里。	前 244 年，第三次佛典結集。	
前 230 年				前 233 年，韓非子逝世。
前 220 年				前 221 年，秦王嬴政統一天下，自稱始皇帝。統一貨幣、度量衡、文字等。
前 210 年		前 218 年，第二次布匿戰爭（漢尼拔戰爭，- 前 201 年）。 前 215 年，第一次馬其頓戰爭（- 前 205 年）。 前 214 年，西西里戰爭（- 前 210 年）。		前 213 年，秦將醫藥、農業、占卜以外的書籍燒毀（焚書），並制定挾書律。 前 212 年，秦在鹹陽坑埋數百名學者（坑儒）。

西元	埃及、美索不達米亞	希臘、羅馬	印度	中國
前200年		前200年，第二次馬其頓戰爭（-前197年）。	前200年左右，聖典〈薄伽梵歌〉的原型成立。	前209年，陳勝、吳廣之亂（-前208年）。 前209年，項羽、劉邦起兵（-前208）。 前206年，秦王子嬰投降劉邦，秦滅亡。 前202年，垓下之戰，劉邦擊破項羽，西漢（前漢）建立。
前190年				前191年，挾書律廢止。
前180年			前180年左右，孔雀王朝滅亡，巽伽王朝成立。	
前160年		前168年，馬其頓王國滅亡。		
前150年		前155年，柏拉圖學院領袖卡爾內阿德斯一行前往羅馬進行辯論與教學，風靡一時。	前150年左右，文法學者波顛闍利撰寫《大疏》。 前150年左右各個哲學流派從這時開始成立。	前154年，吳楚七國之亂。
前140年		前149年至前146年，第三次布匿戰爭 前146年羅馬占領迦太基、馬其頓和希臘。	前150年左右至前130年左右米南德一世統治大夏。 《彌蘭王問經》的原型。	

西元	埃及、美索不達米亞	希臘、羅馬	印度	中國
前 130 年		前 133 年，羅馬占有西班牙、帕加馬。		前 136 年，在董仲舒獻策下，設置五經博士。
前 100 年		前 106 年，西塞羅誕生（- 前 43 年）。	前一世紀左右，百乘王朝在南印度建立。	
前 90 年				前 97 年，司馬遷《史記》成書。

國家圖書館出版品預行編目(CIP)資料

世界哲學史. 1, 古代篇. I, 哲學的起源：從智慧到愛智 / 伊藤邦武, 山內志朗, 中島隆博, 納富信留, 柴田大輔, 高井啟介, 赤松明彥, 松浦和也, 栗原裕次, 稻村一隆, 荻原理, 金澤修, 篠原雅武, 齋藤憲著；鄭天恩譯. -- 初版. -- 新北市：黑體文化, 遠足文化事業股份有限公司, 2025.01
面； 公分.一（空盒子；4）
ISBN 978-626-7512-35-7（平裝）

1.CST: 哲學史 2.CST: 文集

109　　11301861

特別聲明：
有關本書中的言論內容，不代表本公司／出版集團的立場及意見，由作者自行承擔文責。

黑體文化　　讀者回函

空盒子4

世界哲學史1古代篇（Ⅰ）——哲學的起源：從智慧到愛智
世界哲学史1古代Ⅰ知恵から愛知へ

作者・中島隆博、納富信留、柴田大輔、高井啟介、赤松明彥、松浦和也、栗原裕次、稻村一隆、荻原理、金澤修、篠原雅武、齋藤憲｜編者・伊藤邦武、山內志朗、中島隆博、納富信留｜監譯・王前｜譯者・鄭天恩｜責任編輯・涂育誠｜美術設計・林宜賢｜出版・黑體文化／遠足文化事業股份有限公司｜總編輯・龍傑娣｜發行・遠足文化事業股份有限公司（讀書共和國出版集團）｜地址・23141新北市新店區民權路108之2號9樓｜電話・02-2218-1417｜傳真・02-2218-8057｜客服專線・0800-221-029｜客服信箱・service@bookrep.com.tw｜官方網站・http://www.bookrep.com.tw｜法律顧問・華洋法律事務所・蘇文生律師｜印刷・中原造像股份有限公司｜排版・菩薩蠻數位文化有限公司｜初版・2025年1月｜定價・450元｜ISBN・9786267512357・9786267512449（EPUB）・9786267512456（PDF）｜書號・2WVB0004